와인관리사실무
Wine Steward Practical Affairs

와인관리사실무

Wine Steward Practical Affairs

사단법인한국평생능력개발원 식음료부문자격검정위원회 편저

와인관리사실무
Wine Steward Practical Affairs

1판 1쇄 인쇄 | 2010년 5월 03일
1판 1쇄 발행 | 2010년 5월 10일

편   저 | 사단법인한국평생능력개발원 식음료부문자격검정위원회
         www.adik.or.kr

펴낸이 | 주용진
펴낸곳 | 도서출판 아카데미아
주   소 | 서울시 서초구 양재동 316
전   화 | 02-576-0922
팩   스 | 02-577-8091
E-mail | academya@korea.com
http://www.academya.co.kr

ISBN 978-89-5938-230-9
값 15,000원

이책은 저작권법에 따라 의해 보호를 받는 저작물이므로
어떠한 형태로든 무단 전재와 무단 복제를 금합니다.
잘못된 책은 바꾸어 드립니다.

머리말

유럽을 시작으로 전 세계에서 와인이 소수 애호가 층을 넘어 많은 사람들의 관심의 대상이 됨에 따라 와인을 둘러싼 마케팅, 직업, 교육 또한 많은 변화를 겪어 왔다. 한국에서도 와인에 대한 관심과 애호가들이 늘면서 와인교육과 와인산업에 관련된 직업들이 새롭게 주목받게 되었다.

이러한 사회적인 경향에 따라 사단법인 한국평생능력개발원 식음료부문자격검정위원회에서는 와인 관련 학문에 입문하기를 원하는 사람들, 쉽게 와인문화를 즐기기 희망하는 사람들, 미래에 와인 관련 분야에서 일을 하려는 사람들, 와인에 대해 셀프 스터디(Self Study)를 원하는 사람을 대상으로 와인문화의 확대 및 발전과 와인 관련 전문 직업인 입문 기본과정에 도움이 되고자 와인관리사 자격시험체제를 도입하게 되었다.

와인관리사 자격시험은 와인과 관련된 모든 서비스 현장에서 근무하게 될 와인 실무자들에게 기초적인 와인 서비스 및 관리 방법 등 기본을 제시하기 위한 가장 기초적인 자격시험으로 필기 자격검정 시험을 실시하고 있다.

또한 응시하고자 하는 개인의 능력에 맞게 와인관리사, 와인관리사 1급 시험으로 나누어 응시할 수 있으며, 특히 와인관리사 1급은 필기와 실기로 나누어 자격검정 시험을 실시하고 있다.

사단법인 한국평생능력개발원 식음료부문자격검정위원회를 통한 와인관리사 실무 교재의 발간으로 셀프 스터디(Self Study)를 원하는 많은 사람들에게 보다 쉽고 명확한 와인 실무 지식과 기준을 제시할 수 있는 밑거름이 되기를 바란다.

사단법인 한국평생능력개발원 식음료부문자격검정위원회

목차

chapter 1 와인서비스에 필요한 기물
- 와인글라스(Glassware)   11
- 와인 액세서리(Wine Accessory)   25

chapter 2 와인 테스팅
- 와인 라벨(Wine Label)   45
- 감각기관(You and Your Senses)   72

chapter 3 와인 서비스
- 레드와인 서비스(Red Wine Service)   97
- 화이트와인 서비스(White Wine Service)   105
- 스파클링와인 서비스(Sparkling Wine Service)   108
- 디켄팅 서비스(Decanting Service)   117
- 와인 보관 방법(Wine Storage in Restaurant and at Home)   123

chapter 4 와인과 음식의 조화
- 와인과 음식(Wine & Food)   131
- 와인과 어울리는 음식(Food and Wine Pairing)   138
- 와인과 건강   142

chapter 5 부록
- 와인용어 정리   153
- 와인 Tasting 표현 용어정리   164

chapter 1

와인서비스 Wine service 에 필요한 기물 Table ware

- 와인글라스(Glassware)
- 와인 액세서리(Wine Accessory)

chapter 1 | 와인서비스에 필요한 기물   11

와인글라스 Glassware

와인글라스 Glassware 명칭

- Lip (립)
- Bowl (보올)
- Stem (스템)
- Base (베이스)

Lip 립

와인을 마실 때 입술에 닿는 부분을 Lip이라 부르며, 입술에 닿는 부분은 얇을수록 좋다. Lip의 굵기와 라인도 다양한데 이것은 와인이 원하는 혀의 위치가 정확히 떨어질 수 있도록 제작된 것이다. 또한 Lip 부분은 보통 아래쪽 보올 Bowl 부분보다 지름이 작은데 이는 와인의 향과 느낌이 금세 사라지지 않게 하기 위함이다. 특히 부르고뉴 Bourgogne 지방의 와인을 마시는 글라스의 경우 Lip 부분의 지름이 보올 부분의 지름에 1/2 정도밖에 되지 않는다.

와인글라스 Glassware

Bowl 보올

와인이 담겨지는 곳이 바로 Bowl이다. 와인글라스의 Bowl이 아래쪽이 넓고 위로 갈수록 좁은 형태를 띠는 것은 과학적 근거에 따른 것이다. 와인이 공기에 노출되는 면적을 넓게 해 와인을 부드럽게 만들고 입구를 적게 해 와인의 향을 글라스 안에 잘 모아준다. 와인글라스에 색이나 무늬 등 장식이 없는 것은 와인의 색깔과 맑기를 제대로 가늠하기 위해서다.

Stem 스템

와인을 마실 때 글라스의 Stem (다리, 금)을 쥐는 것이 원칙이다. 이는 와인을 잘 보이게 할 뿐만 아니라 Bowl 부분을 쥐게 되면 와인의 온도가 올라가거나 지문이 묻기 때문이다. 그러나 최근에는 많은 사람들이 Bowl 부분을 쥐고 마시고 있는데 (심지어 프랑스의 와인 관계자들도), 와인을 자신의 취향에 맞게 즐기기 위함이라고 크게 신경 쓰고 있지 않다. 하지만, 시원하게 즐기는 화이트와인이나 샴페인의 경우 Stem을 잡는 것이 일반적이다.

와인글라스 Glassware

와인글라스 종류 Wine Glass

 최적의 와인 맛을 즐기기 위해서는 포도 품종이나 산지, 와인의 종류 등에 따라 각각에 적합한 모양과 사이즈로 디자인된 글라스를 선택하는 것이 중요하다. 와인글라스는 튤립이나 달걀 또는 풍선 모양의 몸통 ^{bowl} 에 가늘고 긴 다리 ^{stem} 가 있는 것이 특징이다. 중간부분이 볼록하고 윗부분이 좁아지는 이유는 와인의 향이 날아가지 않게 하고 향을 모아주기 위함이다. 중간 부분의 볼록한 정도는 포도 품종이나 산지, 와인의 종류에 따라 다르며, 글라스의 종류를 분류할 때 중요한 포인트가 된다. 또한 다리가 가늘고 긴 것은 잡은 손의 열이 와인에 전달되어 와인의 온도가 상승되는 것을 방지하기 위한 배려이기도 하다. 글라스 종류는 품종별로 다양한데, 본 교재에서는 스타일별로 레드와인, 화이트와인, 스파클링와인, 주정강화 와인 글라스로 분류하기로 한다.

레드와인 글라스 Red Wine Glass

 레드와인을 마실 때 쓰는 글라스는 좀 크고 오목하게 생겨서 떫고 텁텁한 맛을 잘 볼 수 있도록 와인이 혀의 안쪽 부분에 떨어지도록 한다.

 보르도 와인글라스 Bordeaux Wine Glass | 프랑스 보르도 지방의 주포도 품종 와인인 카베르네 소비뇽, 멜롯, 카베르네 프랑 레드와인은 다른 와인에 비해 타닌 성분을 많이 가지고 있다. 따라서 타닌을 공기에 노출시켜 부드럽게 하기 위해 화이트와인 글라스에 비해 볼이 크고 글라스의 경사각이 작은 것으로 선택해야 한다. 그래야 타닌의 텁텁함이 좀 더 부드러워지고 과일의 은은한 향과 조화를 이룰 수 있다.

와인글라스 Glassware

보르도 레드   부르고뉴 레드

부르고뉴 와인글라스 Bourgogne Wine Glass | 프랑스 부르고뉴 지방의 주포도 품종인 피노누아도 카베르네 소비뇽에 비해서는 타닌이 적으나 신맛이 강하므로 볼이 큰 글라스에 마신다. 그리고 좀 더 오랜 시간 향을 즐기기 위해 글라스의 경사각이 큰 것이 좋다.

와인글라스 Glassware

화이트와인 글라스 White Wine Glass

일반적으로 화이트와인 글라스는 레드와인 글라스보다 작은 편이다. 이는 와인의 온도가 시간이 지남에 따라 상승하는 것을 방지하기 위해 적은 양을 리필해 적정 온도에서 즐길 수 있도록 하기 위한 것이다. 화이트와인 글라스는 화이트와인의 상큼한 맛을 잘 볼 수 있도록 레드와인 글라스보다 덜 오목하여 와인이 혀의 앞부분에 떨어지도록 되어 있다.

레드와인 글라스보다 덜 볼록하고 입구의 오므라진 정도도 덜하며 볼의 길이는 일반적으로 달걀처럼 갸름한 모양을 하고 있다. 이는 공기와 접촉된 와인에서 나오는 아로마(향)를 과장 없이 느끼게 하기 때문이다. 이에 비해 몸통이 넓은 레드와인잔은 잔 표면적이 넓어 아로마의 발산을 극대화시키는 역할을 한다.

와인글라스 Glassware

샤르도네는 기본적으로 타닌 성분이 없기 때문에 글라스 보울의 크기가 작아도 된다. 화이트와인의 특징인 풍부한 과일향과 상큼한 신맛 그리고 양조 과정에서 발생하는 2차향을 모을 수 있는 중간 크기의 글라스가 좋다. 한편 신선한 산도와 부드러운 과일향의 조화가 매력인 소비뇽 블랑은 그 특징을 잘 살리기 위해 글라스의 크기가 작은 것을 선택하는 게 좋다.

와인글라스 Glassware

스파클링와인 글라스 Sparkling Wine Glass-Champagne Glass

샴페인 글라스는 탄산가스의 공기방울이 오래 올라올 수 있고 또 눈으로도 잘 볼 수 있게 몸통^{bowl}이 좁고 길쭉한 튤립 모양인데, 와인 속에 용해되어 있는 탄산가스 기포가 오래 보존되도록 하며 기포가 기다란 잔을 타고 올라가는 미학적인 측면을 부각시키기 위함이다. 특히, 고급 샴페인의 가장 큰 특징은 끊임없이 발생하는 작은 기포와 병 속 2차 발효에서 생긴 독특한 향이다. 샴페인의 기포와 향을 잘 간직하기 위해 샴페인 잔은 튤립 모양이나 달걀형의 좁고 긴 글라스여야 한다. 그래야 탄산가스의 공기 방울이 오래 올라올 수 있고 눈으로도 잘 볼 수 있다.

와인글라스 Glassware

포트와인 & 셰리와인 글라스 Port Wine & Sherry Wine Glass

포트와인

쉐리와인

chapter 1 | 와인서비스에 필요한 기물   19

와인글라스 Glassware

코냑, 위스키 글라스 Cognac & Whiskey Glass

코냑이나 아르마냑 등 브랜디잔은 손에 감싸줄 수 있게 만들어져 체온에 의한 향이 잔에 가득 퍼지게 한 점이 다르다.

코냑(브랜디)   위스키

맥주, 칵테일 글라스 Beer & Cocktail Glass

필스너(맥주)   칵테일글라스

와인글라스 Glassware

좋은 와인글라스 Wine Glass 의 다섯 가지 선택 조건

와인글라스는 와인의 빛깔을 충분히 감상할 수 있도록 맑고 투명해야 하며 별도의 문양이나 장식 등이 없어야 한다. 또한 입술에 촉감을 잘 느낄 수 있도록 매끈하고 얇은 것이 좋다. 좋은 와인글라스란 유명한 브랜드에서 내놓은 고가의 와인글라스를 말하는 게 아니고, 와인글라스가 자신의 손에 잘 맞아야 하고, 마실 때 편해야 하는 것이다. 그런데 일반적으로 말하는 좋은 와인글라스는 공통적인 특징들이 있다.

첫째, 좋은 와인글라스는 재질 속에 납 성분이 24% 이상 함유된 크리스털이어야 한다. 공명이 맑고 유리가 투명한 것이어야 와인이 천천히 흘러내려 와인의 색깔을 충분히 즐길 수 있다.

둘째, 와인 그 자체를 최대한 느끼기 위해서는 글라스 표면이 매끈하면서 두께가 얇은 것을 선택하는 것이 좋다. 그래야 와인 색깔을 정확하게 감상할 수 있다. 각진 글라스는 장식적인 효과나 분위기를 연출하기에는 좋으나 색깔을 제대로 파악하기 어렵다. 와인만이 가진 매혹적인 색깔을 즐기느냐, 독특하고 세련된 분위기를 선택할 것이냐는 본인의 선택에 달려 있다.

셋째, 달걀형의 볼 사이즈가 큰 것이 좋다. 글라스의 셰이프를 따라 레드 와인이 천천히 흘러내리면 와인의 향을 오랫동안 유지하며 즐길 수 있다.

넷째, 날렵한 테두리도 중요한 포인트. 맛을 인지하는 혀에 정확하게 와인을 닿게 하기 위해서는 테두리가 큰 역할을 하기 때문이다. 뭉툭한 테두리의 글라스를 사용하면 와인이 혀에 닿는 순간 입 안 전체에 퍼져서 신맛이나 쓴맛이 강하게 느껴진다.

다섯째, 다리가 길어야 한다. 와인은 온도에 민감하기 때문에 손의 온도가 와인에 전달돼 온도가 상승하는 것을 방지하기 위해서이다. 또한 보기에도 아름다울 정도로 다리가 가늘게 빠진 글라스는 시각적인 효과까지 얻을 수 있다.

와인글라스 Glassware

Plus Tip

와인글라스 세척방법
– 글라스는 선택만큼이나 세척과 관리도 중요하다.

A. 글라스의 볼록한 부분인 몸통 하단부의 다리를 둘째와 셋째 손가락 사이에 끼우고 세척한다. 테두리 Lip 와 다리 Stem 는 매우 얇고 약하기 때문에 테두리 Lip, 다리 Stem, 받침 Base 을 잡고 세척해서는 절대 안 된다.

B. 따뜻한 물에 담가 깨끗이 닦은 다음 천 위에 뒤집어놓은 후, 물기가 어느 정도 제거되면 끓는 물에서 생기는 스팀을 잔 안쪽으로 쐬어주고 면천으로 잔 받침부터 고루 닦는다. 레드와인 글라스는 사용 후 바로 미지근한 물에 헹궈야 좋다.

C. 와인은 향을 즐기는 술이므로 세제의 강한 향이 남을 수 있다는 점을 염두에 두고 물과 스팀으로만 세척한다.

D. 부드러운 천을 사용한다. 평소 식기를 세척하듯 거친 수세미로 문지르면 글라스에 미세한 긁힘 자국이 생겨 좋은 글라스의 조건인 투명한 유리의 느낌을 잃게 된다.

E. 보관할 때는 와인글라스를 거꾸로 매달아두는 전용 걸이를 이용하는 것이 좋다. 다른 그릇과 함께 보관하면 다른 그릇의 특유의 냄새가 밸 수 있다.

와인글라스 Glassware

Plus Tip

Wine Glass Cleaning Guide

1. 흐르는 온수로 닦아준다-이때 세제는 사용하지 않는다(Wash under running warm water, detergent is not necessary).

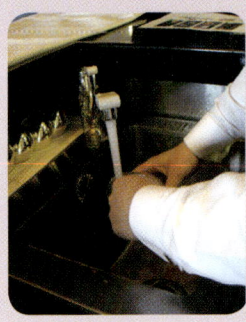   

2. 린넨 천 위에 어느 정도 시간 동안 놓아둔다(Place on linen, for time being).

와인글라스 Glassware

3. 최고의 광택을 위한 방법-뜨거운 물이나, 끓는 물의 증기로 글라스의 윗부분을 덮는다
   (For extra shine, stem over boiling water).

4. 글라스를 닦기 위해 린넨 티 타월을 2장 이용한다
   (Top polish use 2 linen, tea towels).

5. 글라스의 바닥을 잡고 바닥부터 닦아준다-왼손으로 보울을 흔들어주면서 오른손 수건으로 닦는다
   (Hold and polish glass by base, Use left hand to cradle the bowl and polish with your right).

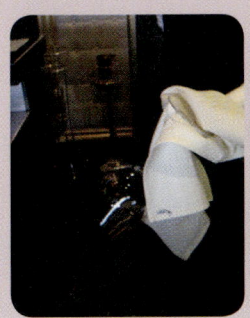   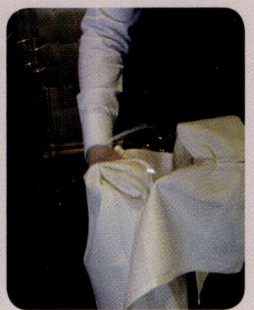

와인글라스 Glassware

6. 완벽히 깨끗해졌다(Perfect result).

7. 절대 글라스의 바닥과 보울을 비틀지 말아야 한다
   (Never twist base and bowl).

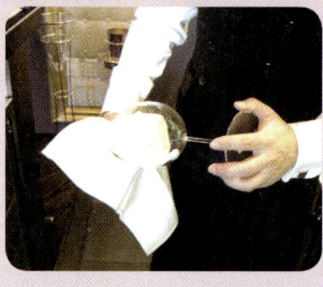

Note Tip 와인글라스 요약 정리하기

와인 액세서리 Wine Accessory

스크류 Screw

코르크 스크류 명칭 Cork Screw

Cork Screw | 와인의 캡슐과 코르크를 제거하기 위해 이용되는 도구

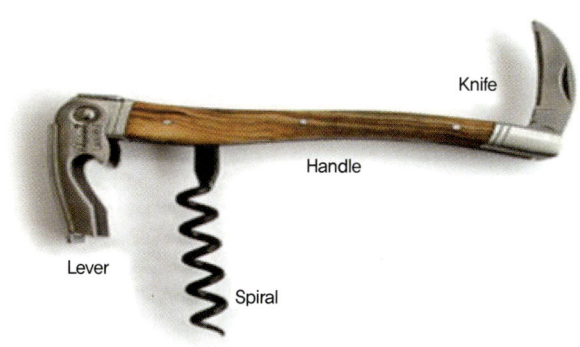

소믈리에 나이프 Sommelier Knife | 웨이터스 나이프라고 하는 소믈리에 전용 오프너

1. 칼날이 있어 이것으로 호일을 벗겨낸다.
2. 지렛대 원리를 이용 스크류로 마개를 오픈한다.
3. 먼저 병목 부분의 잘록한 곳에 칼을 넣어 나이프를 돌리면서 캡슐을 벗겨낸다.
4. 스크류를 꺼내어 코르크에 똑바로 꽂아 넣는다.
5. 왼손으로 소믈리에 나이프의 머리부분을 병 입구 모서리에 대고 오른손으로 지렛대 손잡이를 쥐고 위로 당긴다.
6. 코르크를 1센티미터 가량 남겨두고 빠져 올라갔을 때 지렛대를 풀고 손으로 조용히 뽑아낸다.

와인 액세서리 Wine Accessory

윙 스크류 Wing Screw

Wing Screw | 어떤 종류의 와인이라도 모두 오픈할 수 있는 '윙'타입의 와인 오프너

1. 와인의 호일을 벗긴다.
2. 오프너 하단을 코르크에 밀착한다.
3. 오프너 상단의 손잡이를 돌려서 스크류를 코르크에 돌려 넣는다
4. 스크류가 코르크에 충분히 들어갔으면, 양옆의 날개를 아래로 내려서 코르크를 뽑아낸다.

chapter 1 | 와인서비스에 필요한 기물   27

와인 액세서리 Wine Accessory

디켄터 Decanter

디켄터의 필요성

1. "디켄팅 Decanting"이란 웹스터 사전에는 디켄터를 '바닥의 앙금을 흐트러뜨리지 않고 액체만을 조용하게 따르다' 또는 '마치 와인을 따르는 것처럼 용기에서 용기로 옮기다'라고 설명되어 있다.

2. 아주 오래된 와인이거나 Port (포트: 디저트 와인의 한 종류)는 병 속의 침전물과 와인을 분리하고자 디켄트 Decant 를 하지만 대부분의 와인은 공기 중의 산소에 노출시키기 위해 디켄트를 한다.

3. 오래된 와인일수록 저장 및 숙성 과정에서 침전물이 생길 수 있다. 이때 디켄터에 와인을 조심히 따라주면 침전물과 와인이 섞여서 색이나 순도가 탁해지지 않게 된다. 또한 장기 숙성된 와인, 특히 보르도 와인의 경우 타닌의 느낌이 너무 강해서 마시기 힘든 와인들이 있을 때, 마시기 몇 시간 전에 디켄터에 와인을 따라 놓으면 와인을 마실 때는 역한 느낌의 타닌이 어느 정도 마시기 적당한 상태로 바뀌게 된다.

와인 액세서리 Wine Accessory

Plus Tip

1. 꼭 오래된 와인만 디켄팅을 해야 하는 걸까요?

그렇지 않다. 서브하기 수시간 전에 젊은^{young} 와인을 디켄터로 옮기면 와인 특유의 그 부케가 공기와 섞여서, 오랜 세월 저장된 와인에서만 얻을 수 있는 숙성도에 도달할 수도 있다. 와인병 내부에서 잠자던 부케와 아로마는 외부 공기와 접촉하면서 그 느낌을 훨씬 좋게 만들어주는데 이를 가능하게 해주는 것이 바로 디켄팅^{Decanting}이며, 디켄터^{Decanter}의 역할이다.

2. 디켄팅^{Decanting}의 오해와 진실

와인이 공기 노출에 어떻게 반응하는가에 달려 있다. 와인의 나이, 병의 상태, 포도품종의 구성비율, 그리고 생산 기술 등이 중요한 변수이다. "포도품종이 Merlot인지, Cabernet Franc인지, Cabernet Sauvignon인지가 꼭 중요한 것이 아니다" 와인이 잘 익은 포도로 만들어졌고, 추출이 잘 되었으며, 맛이 풍부하다면, 디켄팅이 타닌을 유연하게 하고 과일향의 전반적인 표현을 좋게 할 수 있다.

화학적인 관점에서 본다면 디켄팅은 와인을 공기에 노출시켜 산화와 증발을 하게 하는 것이다. 와인은 문헌상으로 수백 가지의 화합물을 포함하는 극적인 복합체이다. 그러나 와인의 매력을 주는 과일의 특성은 그 많은 화합물 중 상대적으로 작은 부분을 차지한다. 불행하게도 이러한 중요한 화합물들은 쉽게 산화한다. 산화된 와인은 풍성함이 없이 맥이 빠져 밋밋하다. 와인의 공기 노출에 대한 반응은 산화를 억제하는 pH와 온도 같은 요소들은 물론 과일(향)의 농도에 달려 있다.

와인에서 어떤 화합물들은 과일향의 특성이 나타나는 것을 방해할 수 있다. 예를 들어 Sulfites는 와인의 생산 과정에 첨가되는데 너무 많을 경우 불붙은 성냥 냄새를 남긴다. 또 다른 종류의 화합물인 Sulfides는 와인 생산과정에서 자연적으로 형성되는데 계란이나 양파 썩은 냄새 같은 바람직하지 않은 냄새를 병 속에 남길 수 있다. 이상적인 디켄팅이란 과일향이 산화되기 전에 바람직하지 못한 화합물들을 더 빨리 증발시켜버리는 것이다. Syrahs, Bordeaux, Barolos 같은 힘 있고 젊은 와인의 경우 디켄팅^{Decanting}이 이익이 된다는 것이 일반적인 견해이다. 디켄팅은 와인에 광택, 강도, 향기를 추가시킬 수 있는 역할을

와인 액세서리 Wine Accessory

담당할 수도 있다. 많은 와인 생산자들과 소비자들은 디켄팅을 하면 타닌을 부드럽게 하여 적포도주의 맛과 향을 향상시킨다고 생각한다. 그러나 엄밀히 말하면 그것은 틀린 생각이다.

와인 제조과정 중의 조절된 공기 노출은 타닌의 구조에 영향을 미치는 것은 사실이다. 타닌이 많은 적포도주를 배럴에 숙성시키는 하나의 주된 이유는 오크의 미세한 구멍을 통하여 공기가 와인 속으로 스며들게 하는 것이다. 산소는 타닌의 작은 분자가 뭉쳐서 큰 분자가 되는 화학 반응을 촉진시켜 와인의 촉감을 부드럽게 만든다. 디켄팅은 타닌을 변화시키지 않는다. 그러나 바람직하지 않은 물질들이 사라짐으로써 과일향이 강화되어 와인의 구조가 부드러워진 인상을 주게 된다. 어떤 한 가지 화합물의 존재가 다른 물질의 느낌에 영향을 주는 일은 와인에서 흔하다. 예를 들어 당분이 많이 들어 있는 늦게 수확한 포도로 만든 와인은 late-harvest wine 만약 그 와인이 당도에 균형을 맞출 정도로 높은 산도를 갖는다면 상대적으로 드라이하다고 느껴질 것이다. 그러나 장기간의 공기 노출은 오크통 숙성된 타닌이 강한 어린 적포도주 oaky, tannic, young reds 에서 역효과를 낼 수 있다. 일반적으로 타닌은 공기 접촉으로 더 거칠어지고, 덜 유연해지는 것처럼 보인다. 반면 과일(향)은 활성을 잃어버린다. 또한 새 오크통에서 유래하는 삼나무 cedar 향과 바닐라향은 점차적으로 강화되는 것을 알았다. 오크는 bottle age 에 따라 원만해지는 경향이 있지만, 공기접촉은 산화에 의해 과일향이 감소됨에 따라 영 와인에서 타닌을 강화시킨다. 영 와인을 디켄팅할 때에는 자주 맛을 봄으로써 그 와인의 최고점을 놓치지 말라고 충고하고 싶다. 침전물이 있는 오래된 적포도주는 디켄팅하는 것을 추천할 만하다. 대부분 색소와 타닌 분자가 침전되어 구성된 침전물은 숙성기간 중 자연적으로 형성되고 건강에 무해할 지라도 마시기 전에 없애야 한다. 그렇지 않으면 그것은 와인의 외양을 혼탁하게 만들고, 쓴 맛과 모래 씹는 촉감을 줄 수 있기 때문이다.

3. 와인 공기 쐬기 Bottle Breathing

와인을 마시려고 코르크를 딴 상태에서 일어나는 공기와 와인과의 상호작용을 말하며, 주로 숙성이 덜 된 장기 숙성용 와인을 마실 때 보완책으로 사용할 수 있다. 브리딩 Breathing 전용 디켄터 Decanter 에 따라 공기와의 접촉을 최대로 하여 응축된 향과 맛을 부드럽게 풀어주려고 하는 과정이다.

와인 액세서리 Wine Accessory

디켄팅 실시방법 Decanting for Sediment

디켄터하고 있는 와인은 마시기 적절한 온도로 유지해주어야 하고 만약 화이트 와인이라면 시원한 곳에 디켄터를 두어야 하며, 레드와인은 덥지도 차갑지도 않은 18C° (65°F) 정도의 장소에 두어야 한다. 올바른 디켄팅은 사전 고려와 일정한 손 동작을 요구한다. 이상적으로는 침전물이 바닥에 고여 안정되도록 와인을 3-4일간 세워놓아야 한다. 어떤 입자들은 먼지처럼 미세해서 병 바닥에 침전하는데 며칠이 필요하다.

오래된 와인을 디켄팅하는 것은 귀찮기는 하지만 단순한 과정이다. 부드럽게 코르크를 제거한 후 캡슐을 벗겨내고 병의 목 부위를 깨끗이 닦아낸다. 플래시 광선 같은 밝은 빛을 병목 부위 밑에 위치시킨다. 그리고 침전물이 병목 부위에 올 때까지 와인을 천천히 일정하게 디켄터에 붓는다. 침전물을 포함하는 나머지 40-80cc는 버린다.

Note Tip 디켄팅 요약 정리하기

chapter 1 | 와인서비스에 필요한 기물 31

와인 액세서리 Wine Accessory

Plus Tip

Decanting for Sediment

1. 와인을 2-3시간 똑바로 세워놓는다(와인 침전물을 와인병에 아래로 모일 수 있게 하는 것이다).

2. 코르크 마개를 딴다(와인병 입구를 감싸고 있는 캡슐을 다 벗겨버린다).

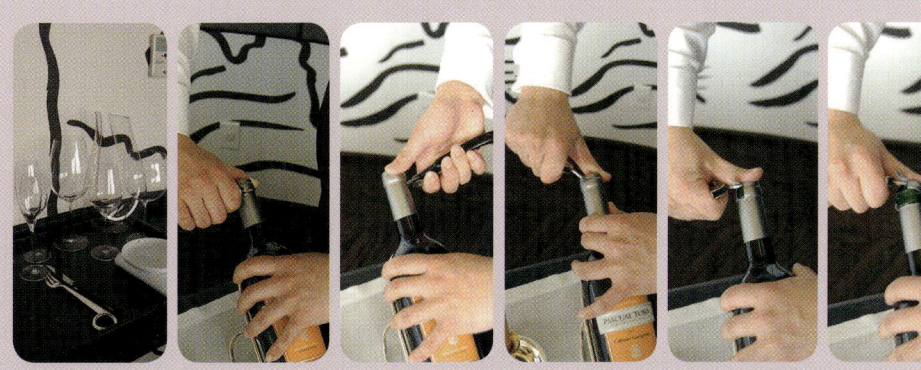

와인 액세서리 Wine Accessory

3. 초를 켜고 와인병 뒤에 둔다.

›› 초가 사용되는 목적

와인셀러(꺄브)에서 사용되는데, 와인 셀러에 빛을 밝혀주는 목적과 산소의 유무를 확인하는 목적이다. 와인의 양조과정에서 이산화탄소가 발생하기 때문에 셀러에서 일꾼들이 산소 부족으로 목숨의 위협을 받는 경우가 빈번했기 때문에 산소의 부족 여부를 알아보기 위해 아주 오래전에는 셀러에 쥐나 새를 키워서 이산화탄소의 과다 여부를 측정하였다. 하지만 근대에 이르러서는 양초를 이용해 이를 측정하곤 했다. 와인을 디캔팅 및 서브할 때 와인에 불순물(찌꺼기, 산화염 등)이 들어 있는지 확인하는 목적으로도 사용된다. 이 과정은 소믈리에 경연대회에서 꼭 빠지지 않는 항목이다.

4. 1, 2분 후 와인병을 조심스럽고 느리게 디켄터에 살며시 부어준다.

와인 액세서리 Wine Accessory

5. 와인을 디캔팅한 후 마실 수 있는 최적의 시간은 30분과 1시간 후이다.

6. 초를 끄는 방법

와인 액세서리 Wine Accessory

호일 커터 Foil Cutter

코르크로 마감된 와인병의 호일을 벗겨내는 매우 기본적인 도구이다.

와인병 상단의 호일은 안전성과 장식미를 주기 위한 것으로, 코르크로 병을 막고 호일로 마감한다. 호일을 제거할 때는 나이프나 날카로운 침을 이용할 수 있으나 위험하고 깔끔하지 못하기 때문에 호일 커터기를 사용한다. 사용법이 간단하고 가격이 저렴하다. 호일 커터를 병의 입구에 올려놓고 힘을 살짝 주어 돌리면 포일이 벗겨진다.

와인 액세서리 Wine Accessory

와인 스토퍼 & 드립 스토퍼 Wine Stopper & Drip Stopper

드립 스토퍼는 와인을 따를 때 적당한 양을 따를 수 있도록 조절해주면서, 병에 방울이 흐르는 것을 방지해주는 역할을 한다. 보통 흐름 방지용 마개라고도 한다.

와인 액세서리 Wine Accessory

소믈리에 따스뜨 뱅 Sommelier Taste Vin

소믈리에나 와인 전문가들이 와인의 맛을 볼 때 쓰는 작은 접시를 소믈리어라고 말한다. 와인 전문가를 위한 좋은 아이템으로 목에 걸 수 있는 체인이 감겨져 있다. 은으로 도금되어 있어 세련된 느낌을 준다.

와인 액세서리 Wine Accessory

와인 온도계 Wine Thermometer

와인병 안의 온도를 직접 측정하는 온도계나 와인 병면의 온도를 측정하는 밴디지 bandage 온도계.

와인 액세서리 Wine Accessory

코르크 홀더 Cork Holder

– 자석으로 연결된 핀 부분을 분리한다.

– 코르크 마개를 판에 끼운다.

– 다시 원위치로 가져가면 자석으로 인하여 핀이 붙는다.

– 그림과 같이 와인 병목에 끼워서 사용한다.

chapter 1 | 와인서비스에 필요한 기물   39

와인 액세서리 Wine Accessory

진공 와인 세이버 Wine Saver

마시다 남은 와인을 진공 상태에서 보관함으로써 와인의 산화 속도를 현저히 줄여, 좀 더 오랜 기간 동안 와인을 보관할 수 있도록 도와준다.

아이스 버켓 & 와인 쿨러 Ice Bucket & Wine Cooler

와인을 차갑게 하는데 편리하게 사용되는 소도구이다. 와인은 맥주처럼 짧은 시간에 한 병을 비워버리는 술이 아니므로, 테이블 위에서 끝까지 시원한 와인을 즐기기 위해서는 아이스 버켓만큼 좋은 것이 없다. 와인병 전체가 얼음물에 잠길 수 있도록 가능한 한 큰 것이 좋다.

와인 액세서리 Wine Accessory

와인 테이스팅 글라스 Wine Tasting Glass

가능한 짧은 시간 내에 와인의 아로마 ^{aroma} 를 최대로 느낄 수 있게 디자인되었으며, 모든 타입의 와인 테이스팅 $^{wine\ tasting}$ 에 유용하다. 최소한의 신체접촉을 통해 와인으로의 열 전달을 최소화하고, 엄지손가락을 대는 홀딩 포인트가 와인을 공기와 섞을 때 더욱 활발히 섞이도록 도와주는 글라스.

와인 아로마 키트 Wine Aroma Kit

와인 아로마키트는 와인의 빈티지, 생산지역이나 Appellation을 알아내는데 필요한 숙련을 도와주는 테이스팅 도구이다.

chapter 1 | 와인서비스에 필요한 기물   41

와인 액세서리 Wine Accessory

셀러 캔들 홀더와 양초 Cellar Candle holder and Candle

와인셀러(꺄브)에서 사용되는데, 와인셀러에 빛을 밝혀주는 목적과 산수의 유무를 확인하는 목적이다. 와인을 디켄팅 및 서브할 때 와인에 불순물(찌꺼기, 산화염 등)이 들어 있는지 확인하는 목적으로도 사용된다.

샴페인 오프너 Cork Catcher for sparkling wine bottles

1. 스파클링와인병의 윗부분에 위치한 후 꽉 눌러 끼운다.
2. 코르크 캐쳐를 고정시키고 병을 돌린다.
3. 스파클링와인의 코르크가 위로 튀어오르며 코르크 캐쳐의 윗부분에 잡힌다.

  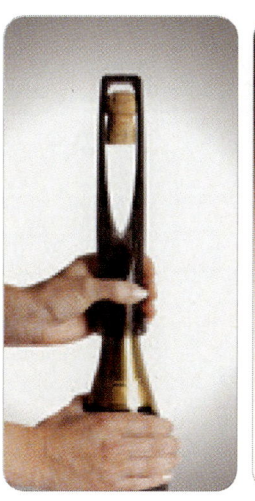 

chapter 2

와인 테스팅 To Tasting Wine

- 와인 라벨(Wine Label)
- 감각기관(You and Your Senses)

와인 라벨 Wine Label

와인 라벨 읽기 Name and Label

와인병 모양 Wine Bottle Shapes

전 세계 와인병 모양에는 네 가지 기본 모양이 있는데, 유럽의 네 군데 전통적 와인 산지와 관련이 있다. 특히 와인의 본고장인 프랑스에는 산지별로 지정된 모양의 병에 담아야 하는 법칙이 있어 라벨 없이도 병 모양만으로 어느 지방에서 생산된 것인지 가늠할 수 있다. 예를 들어 프랑스 보르도의 주요 품종으로 빚은 와인은 다른 제3국에서도 같은 모양을 사용하기 때문에 지역별로 사용되는 병 모양만 익혀두어도 와인을 마시기 전 와인의 분위기를 미리 감지할 수 있다.

가장 대표적인 와인병 모양으로는 보르도 Bordeaux, 부르고뉴 Bourgogne, 알자스 Alsace & 독일 Germany, 샹파뉴 Champagne & 발포성 와인 Sparkling Wine 등으로 분류한다. 대중적인 보르도 스타일은 카베르네 소비뇽이나 메를로는 물론 진판델이나 키안티, 산지오베제 품종 등에서도 볼 수 있고, 부르고뉴 스타일은 피노 누아와 샤르도네 품종으로 와인을 양조하는 경우 이 병 모양을 많이 사용한다. 알자스 지방이나 독일에서 생산된 리즐링 Riesling, 게뷔르츠트라미너 Gewurztraminer 같은 품종 등에는 알자스 & 독일 스타일이 주로 사용된다.

와인 라벨 Wine Label

보르도 스타일 Bordeaux Bottles | 보르도 와인은 일반적으로 우리가 쉽게 접할 수 있는 레드와인병 모양으로 날씬하고 슬림한 몸통를 갖추고 있다. 길쭉한 모양에 양쪽이 곧게 뻗어 있고 어깨가 높다. 또한 어깨부분이 둥글게 각이 졌으며 목이 좁은 것이 특징이다. 이러한 병 모양을 갖게 된 이유는, 보르도 와인의 미세한 앙금이 가벼워 와인 속에 떠다니기 때문에 와인을 즐길 때 방해가 되지 않도록 따르는 도중 앙금이 와인병의 어깨 부분에 걸리도록 하기 위해서이다.

보르노 품종인 카베르네 소비뇽, 메를로 만든 레드 와인 혹은 유사한 무게와 스타일을 가진 드라이한 미디엄 바디에 약간의 타닌이 있는 레드와인에 사용된다. 투명한 보르도병은 세미용과 소비용 블랑을 기본으로 하여 소테른의 이미지로 만든 스위트와인에 사용된다.

Bordeaux Bottle   샤또 뒤포르 비방   샤또 마고   샤또 그랑 장

와인 라벨 Wine Label

부르고뉴 스타일 Bourgogne Bottles | 부르고뉴형은 보르도형 다음으로 가장 일반적으로 볼 수 있는 와인병이다. 부르고뉴 스타일은 전체적으로 통통한 하반신이 대표적인 특징이며, 보르도 지역의 와인만큼 앙금이 많이 없기 때문이다.

병입 전에 앙금을 걸러내는 여과과정을 거쳐 어깨가 낮고 부드럽게 곡선을 이루는 형태로 디자인되며, 부르고뉴 와인과 관련 있는 포도품종에 사용한다.

레드와인 경우 피노누아 포도품종으로 만들어지며, 보르도보다 와인의 향이 풍부하고 부드러우며 타닌이 적은 레드와인들을 생산하고 있다. 부르고뉴 화이트 포도 품종인 샤르도네, 풀 바디하고 오크로 숙성된 드라이한 화이트와인병으로 사용하고 있다.

본 로마네(꽁휘롱 꼬페디또) 2003

삐에르 앙드레 샤블리 르 그랑쁘레

Bourgogne Bottles

와인 라벨 Wine Label

알자스 Alsace **& 독일** Germanic Flute **스타일** | 프랑스 알자스 지방의 와인병은 플루트 Flute 라고도 불린다. 길쭉하고 어깨부분이 날씬한 경사를 이루면서 내려져 있어 플루트 모양과 닮았을 뿐만 아니라 독일 지역과 인접해있어 전통적인 독일 와인병 형태를 닮았다. 대부분 화이트와인병에서 찾아볼 수 있는 스타일로 드라이와인부터 스위트 와인까지 모두 이용된다.

특히, 알자스에서 생산되는 모든 와인(레드&화이트)은 규정상 이 병을 사용하며, 리즐링 Riesling, 게뷔르츠트라미너 Gewurztraminer 같은 향기로운 포도품종을 기본으로 한 드라이와 스위트와인에 사용된다.

닥터루젠 리슬링 카비넷   트림바크 리슬링   닥터루젠 리슬링

Alsace & Germanic Bottles (Flute)

와인 라벨 Wine Label

스파클링 스타일 Sparkling Wine Bottles — **샹파뉴** Champagne

스파클링 와인병은 일반 와인병보다 두꺼우며, 부르고뉴 스타일보다 어깨가 넓으면서 나지막한 어깨를 지니고 있다. 이 또한 기능적인 이유를 담고 있는데 병 속의 탄산 압력을 견뎌내기 위한 것이다.

모엣 샹동 브륏트 임페리얼

고세 엑설렁스 브뤼

Sparkling Wine Bottles & Champagne

와인 라벨 Wine Label

와인 라벨로 알 수 있는 정보

와인을 마시기 전이나, 시음을 하기 전에 꼭 거쳐야 하는 단계가 있는데, 그것은 내가 지금 마시는 와인이 어디서 생산된 것인지 확인하는 단계이다. 레스토랑에서는 웨이터가 와인을 따르기 전에 와인을 확인할 수 있도록 라벨을 보여주는데, 이럴 때나 직접 와인 숍 Wine Shop 에서 와인을 고를 때나 와인병에 붙어 있는 라벨은 꼭 잘 살펴보아야 한다. 많은 와인 애호가들이 자신이 구입하는 와인이 어떤 것인지 정확히 잘 알고 있다고 생각하거나 그런 척한다. 하지만 시중에 판매되고 있는 수많은 와인 중에서 와인 전문가라고 해도 와인 라벨 이면에 담긴 의미를 정확히 이해하기 어려운 것들이 많다.

와인의 품질에 대해서는 세계적으로 통용되는 등급이 없다. 그러나 많은 나라와 지역에서 오랫동안 꾸준히 판매하기 위해서 와인의 품질이 중요하다는 것을 인식하게 되었고 그래서 어떤 것을 표기해야 하는지를 정의하는 규칙을 시행하게 되었다. 와인을 생산하는 국가들 중에서 이러한 규칙이 가장 엄격하게 지켜지는 곳이 프랑스이다.

와인 라벨에 표시되어 있는 정보는 와인이름, 생산 지역, 빈티지, 포도품종, 와인 등급 등이다. 레이블에 있는 가장 중요한 정보는 생산지이다. 대부분의 와인 생산지에서는 와인 생산에 필요한 포도의 품종을 미리 규정한다.

프랑스 보르도 Bordeaux 의 메독 Medoc 지역에서는 '카베르네 소비뇽 Cabernet Sauvignon '을, 샤블리 Chablis 지역에서는 '샤르도네 Chardonnay '를 주 품종으로 규정한다.

또 이탈리아 북서부 지역 피에몬테 Piedmont 지역에서는 '네비올로 Nebbiolo ' 품종을, 토스카나 Toscana 지역에서는 '산지오베제 Sangiovese ' 품종을 사용한다.

이런 이유는 그 지역의 토양에서 잘 자라는 포도로 양조해야 최고의 와인을 생산

와인 라벨 Wine Label

할 수 있기 때문이다. 프랑스, 이탈리아 등 유럽의 와인 생산 지역에서는 워낙 오래 전부터 토양에 맞는 포도 품종이 정해져 있기 때문에 라벨에 포도 품종을 쓰지 않는다.

그러나 미국, 칠레, 호주 등 신세계 와인 생산 국가에서는 지역적 특성에 맞는 포도 품종을 규정하고 있지 않아 라벨에 포도품종을 적게 되어 있다. 미국 나파 밸리의 '멜롯 Merlot', 호주 바로사 밸리 Barossa Valley 의 '쉬라즈 Shiraz' 등이 그 예다.

'빈티지 Vintage'는 와인에 사용된 포도의 수확연도를 말한다. 예를 들어 2000 빈티지라고 하면 2000년에 수확된 포도로만 생산된 와인을 말한다. 와인의 빈티지는 그해의 특성에 대한 가장 기초적인 정보를 가지고 있다. 어떤 해는 서늘했고 아니면 너무 더웠고, 어떤 해는 수확기에 폭우가 쏟아졌거나 아니면 서리가 너무 일찍 내려서 농사를 망쳤던 것처럼 해마다 특징적인 기후가 있다. 빈티지를 보면서 흥미로운 것 중 하나는 빈티지에 따른 와인의 가격차이다.

수백 년 동안의 오랜 역사를 가진 유럽 와인 생산 국가들은 지역마다 와인 등급을 매기고 있다. 보르도의 메독 Medoc 지역에는 1855년에 지정된 '그랑 크뤼 Grand Cru' 등급이 있는데 1백 50여 년이 지난 지금까지 한 번을 제외하고는 그 리스트가 변경된 적이 없다. '그랑 크뤼 Grands Crus' 혹은 '프르미에 크뤼 Premiere Crus' 등도 와인의 등급이다. 와인 라벨에 적혀 있는 다양한 정보를 조금만 읽을 수 있으면 와인 숍이나 레스토랑에서 와인을 고를 때 많은 도움이 된다.

와인 라벨 Wine Label

와인 라벨 읽을 때 필요한 기본 정보

일반적으로 와인 라벨에는 와인 생산지역, 생산자 이름, 나라이름 산지명, 알코올 함량, 병입 관련 정보, 포도밭 이름, 와인양조에 사용한 포도품종, 빈티지(포도를 수확한 해)에 관한 자세한 정보를 표기하며, 와인 생산국의 기준에 준하는 품질 등급, 수상 경력 등을 표기하기도 한다.

Plus Tip 와인라벨로 알 수 있는 정보

- **A.** 포도 수확연도 vintage
- **B.** 포도 품종 varietal
- **C.** 포도원, 생산자의 이름, 나라이름, 산지명
- **D.** 제품명
- **E.** 와인 품질 등급
- **F.** 와인 생산회사(병입 관련 정보)
- **G.** 알코올 함량

와인 라벨 Wine Label

여러 나라의 와인 라벨 읽기

프랑스 France Wine Labels

  와인 라벨에는 중요한 정보가 담겨 있으며 와인의 맛을 보지 않고도 그 내용을 알 수 있다. 와인 라벨은 생산국마다 차이가 있으며 프랑스 내에서도 지방에 따라 다르며 보르도 와인이 가장 복잡하다. 특히 프랑스 와인은 프랑스어로 기재되어 있어 이해하기가 어려울 수 있다. 보르도 지방에서 많이 쓰이는 '샤토 Chateau'는 일정 면적 이상의 포도밭을 소유하고 양조시설과 숙성·저장시설을 갖춘 포도원을 의미하며, 부르고뉴와 같은 그 밖의 와인 산지에선 '도멘느 Domaine', 영어권에선 '에스테이트 Estate'가 같은 의미로 많이 쓰인다. 최근엔 앞의 의미 외에도 '샤토 마고'나 '샤토 라투르'처럼 와인의 브랜드명으로도 많이 쓰인다.

와인 라벨 Wine Label

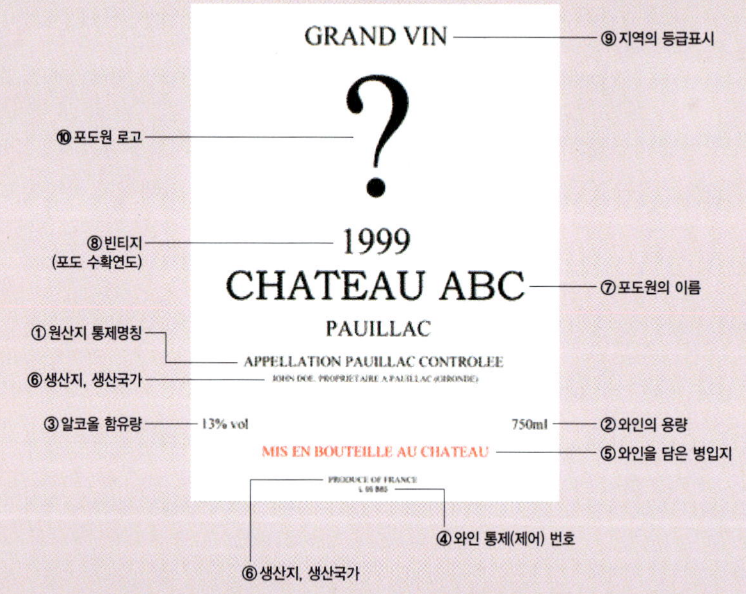

① Appellation d'Origine Contrôlée 원산지 통제명칭
② Wine in the bottle 와인의 용량
③ Alcohol by volume 알코올 함유량
④ The control number 와인 통제(제어) 번호
⑤ The wine is château-bottled 와인을 담은 병입지
⑥ Product of France 생산지, 생산국가
⑦ The château name 포도원의 이름
⑧ The vintage or year in which the grapes were harvested 빈티지(포도 수확연도)
⑨ Grand Vin de Bordeaux 지역의 등급표시
⑩ Art or logo representing the château 포도원 로고

와인 라벨 Wine Label

프랑스 와인등급

프랑스 와인은 오랜기간 동안 체계적으로 정비된 제도를 가지고 있다. 19세기 말에는 유럽을 초토화시킨 필록세라 병충해로 포도밭이 전멸하고 가짜 와인이 범람하자 전통적으로 유명한 산지의 명성을 보호 하고 품질을 보존하기 위해 포도재배 지역의 지리적 경계가 구분된다. 1935년 세계최초로 국가 전체의 각 산지별로 품질 관리하는 AOC (Appellation d'Origine Controlee 원산지통제명칭)제도를 확립하였다. 프랑스 와인은 AOC 등급, VDQS 등급, Vinde Pay, Vin de Table 등 도표에서 보는 것과 같이 4단계로 분류되며 피라미드의 가장 윗쪽인 AOC 등급이 가장 우수한 품질의 와인이다.

1) **AOC (Appellation d'Origine Controlee 아펠라시옹 도리진 콩트롤레)** : 최상위 등급으로 포도재배지역의 지리적 경계와 품종, 재배방법, 제조방법, 단위면적당 수확량의 제한, 알코올 함유량까지 엄격한 규정을 정하고 기준에 맞는 와인에만 그 지역 명칭을 사용할수 있으며 전체 생산량의 약 35%를 차지하고 있다.

와인의 산지는 Appellation + d'Origine (산지명) + Controlee로 표기한다.

- 35% AOC
- 2% VDQS
- 15% VINS DE PAYS
- 38% VINS DE TABLE

원산지 통제명칭 와인 AOC라고 불리는 이 등급의 와인은 가장 까다로운 규칙을 적용되는데, AOC 표기를 하기 위해서는 다음과 같은 사항을 의무적으로 따라야 한다.

첫째, AOC를 생산할 수 있도록 엄격히 지정된 떼루아루를 지켜야 한다(지방명, 면단위 마을명, 한 마을명, 크뤼(포도원)명, 몇 헥타에만 포도나무에서 생산된 포도주).
둘째, 품종 선별로 반드시 그 포도원에 알맞은 고급 품종들로만 구성된다.
셋째, 재배 및 포도주 양조기술, 숙성 기술에 인간의 수작업을 거쳐야 한다.
넷째, 수확량을 지켜야 한다. 식목시의 밀도, 최소 알코올 도수, 원산지 통제명칭 위원회의 관할 하에 전문가들에 의해 엄격히 통제된다. 이러한 까다로운 과정을 거친 AOC는 지역별 전통을 존중해주면서 그 포도주에 품질과 특징을 보증한다.

2) **VDQS (Vin Delimite de Qualite Superieure- 뱅 데리미테 드 칼리테 슈페리어)** : 우수한 품질의 와인이라는 뜻으로 1949년에 제정되었으며 프랑스 와인의 2% 정도를 차지하며 뱅 드 페이와 AOC 등급의 중간 단계로 AOC 등급보다 덜 엄격하지만 이 단계부터 생산지역, 품종, 생산량, 알코올 함유량, 제조방법 등을 본격적인 규제가 시작된다.

3) **VDP (지방와인) (Les Vins de Pay- 뱅 드 페이)** : 지방와인이라는 뜻으로 엄격한 제도적 규제가 없이 산지와 품종 정도의 제한을 받는 등급으로 전체 생산량의 15%를 차지한다. 특히, 지방명 와인들은 원산지를 표기할 수 있다는 점에서 테이블 와인과 구별된다. 예를 들어 랑그독 지방의 와인인 경우 뱅 드 페이 독 Vins de Pays d'Oc 라고 표기된다. 뱅 드 따브르에 비해 조금 더 질이 좋다.

4) **Vins de Table (일반주) (Les Vins de Table- 뱅 드 따블르)** : 프랑스 와인의 40% 정도를 차지하며 여러 지역의 포도나 와인을 블렌딩하여 생산하여 원산지 표기를 하지 않는 일상주이며, 테이블 와인 VDT 이 포도주들은 원산지 표시를 전혀 할 수 없다. 만약에 프랑스 여러 지역의 포도주를 섞었을 경우에는 Vins de Table de France French Table Wine 이라 표기 하고 유럽 여러 지역에서 온 포도주를 조합했을 경우에는 "Melange de vins de differents pays de l'Union Europeenne" 라고 표기하면 된다. 여기에는 수확연도를 적을 수 없게 되어 있다.

와인 라벨 Wine Label

Plus Tip

프랑스 와인에서 자주 볼 수 있는 용어

- **Blanc** (블랑) : 흰색
- **Noir** (누아) : 검은색
- **Rose** (로제) : 핑크
- **Rouge** (루즈) : 붉은색
- **Cepage** (세파주) : 포도 품종
- **Vin** (뱅) : 와인
- **Vendange** (방당주) : 포도 수확
- **Millesime** (밀레짐) : 빈티지
- **Brut** (브뤼) : 드라이(스위트의 반대말)
- **Sec** (섹) : 두(doux의 반대말)
- **Demi-Sec** (드미 섹) : 미디엄 드라이(즉 약간 단맛이 있음)
- **Doux** (두) : 달다(위의 네 단어는 주로 스파클링와인에 쓰이는 용어)
- **Cave** (카브) : 와인을 숙성 저장하는 셀러(cellar)나 와인 양조시설
- **Chai** (셰) : 지상에 있는 와인 보관소를 의미
- **Cote, Coteaux** (코트, 코토) : 언덕, 구릉
- **Proprietaire** (프로프리에테르) : 포도밭이나 포도원의 소유자
- **Superieur** (쉬페리외) : 0.5% 또는 1% 정도 더 높은 알코올 도수를 가리킨다.
- **Clos** (클로) : 역사적으로 담에 둘러쌓인 포도밭을 일컫는 말이다. 지금은 실제로 담이 허물어지고 없는 곳이 많지만 포도밭 앞에 클로란 이름을 그대로 쓰는 곳이 많다.
- **GrandVin** (그랑뱅) : 프랑스 와인 병 레이블에서 흔히 볼 수 있는 특정 샤토나 포도원에서 생산되는 주력 와인 first wine 을 의미하지만 법적으로 효력이 있는 것은 아니다.
- **Cru** (크뤼) : 일반적으로 품질 좋은 와인을 의미한다. 특별히 우수한 포도원이나 마을을 의미하기도 한다.
- **Grand Cru Classe** (그랑 크뤼 클라세) : 보르도에서 세부 지역별로 품질이 우수한 와인을 대상으로 분류한 와인 품질 등급
- **Cremant** (크레망) : 프랑스 내에서 샴페인과 같은 방식으로 만든 품질 좋은 스파클링 와인
- **Cuvee** (퀴베) : 일반적으로는 블렌딩 blending 이라는 뜻. 또 다른 의미로는 샴페인을 만들 때 첫 번째 압착에서 얻어진 포도즙을 말하는데 섬세한 특성을 지니고 있다.
- **Negociant** (네고시앙) : 프랑스의 와인 중간도매상을 말하며, 포도를 사서 직접 와인을 만들거나 발효가 끝난 와인을 사서 숙성, 병입하여 팔기도 한다.
- **Vin de Table** (뱅 드 타블), **Cote de Beaune** (코트 드 본)에서처럼 두 단어 사이에 'de, des, du, d' 등의 단어가 들어가면 대개는 '~의', '~에' 등의 의미가 된다.

와인 라벨 Wine Label

이탈리아 Italy Wine Labels

유럽에서 가장 오래된 와인 생산국이면서 생산량도 가장 많은 이탈리아 와인은 주로 레드와인을 생산하고 있다. 회사 명칭, 재배지역은 고급 와인인 경우에 상표로 사용되며 포도품종은 그 다음의 품질에 사용된다. 이탈리아 와인의 등급은 DOCG (최고급), DOC (고급), IGT (중급), Vino da Tavola (저급)로 구분되며 고급등급인 DOCG, DOC 등급은 지명이 기재된다.

우리나라에 수입되는 모든 이탈리아 와인의 라벨을 보면 와인 상품명과 품질 등급 DOCG, DOC, IGT, VDT, 생산자 이름, 포도 재배 지역, 알코올 함량 등이 표기돼 있다. 이탈리아는 프랑스의 A.O.C Appellation d'Origine Controlee 제도를 모방해 1963년부터 D.O.C Denominazione di Origine Controllata 제도를 만들어 시행하고 있는데, 최고급 와인인 DOCG Denominazione di Origine Controllata e Garantita 급, 고급 와인인 DOC Denominazione di Origine Controllata 급, 지역적 특성이 강한 와인인 IGT Indicazione Geografica Tipica 급, 일반 테이블 와인인 VDT Vino da Tabla 급 등 4가지 등급으로 구분된다.

와인 라벨 Wine Label

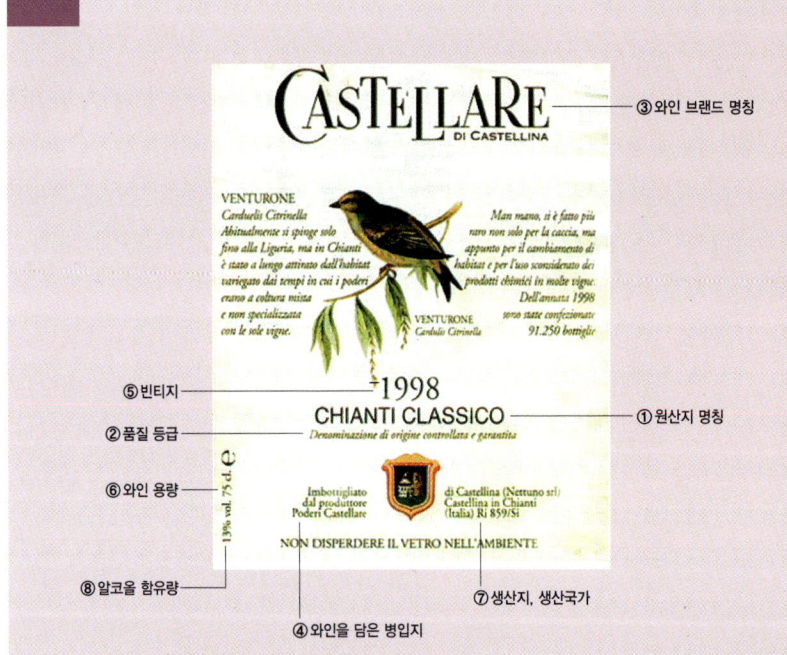

① **Wine Region** (원산지 명칭) : 포도 재배가 이탈리아 토스카나 지방의 끼안띠 (Chianti) 지역에서 생산된 와인임을 표시.
② **Quality Classification-QWPSR** (품질 등급)
  : 이탈리아 와인 등급 중 최고 품질인 DOCG 등급임을 나타냄.
③ **Brand Name** (와인 브랜드 명칭)
  : 상표명이 카스텔라레 디 카스텔리나(Castellare di Castellina).
④ **Bottling Information** (와인을 담은 병입지) : 현지 포도원에서 생산 및 병입했음을 표시
⑤ **Vintage** (빈티지) : 1998년에 수확함.
⑥ **Volume** (와인 용량) : 750ml
⑦ **Name & Address of the Producer** (생산지, 생산국가) : 이탈리아
⑧ **Alcohol Content** (알코올 함유량) : 13%

와인 라벨 Wine Label

QWPSR Quality Wine Produced in a Specific Region 이탈리아 와인 품질등급

① Denominazione di Origine Controllata e Garantita
(데노미나찌오 네 디 오리지네 곤뜨라따 에 가란띠따–DOCG)

DOC보다 더 엄격한 통제를 받은 와인만이 DOCG 등급에 해당되며 와인병에는 정부의 인증표시가 있다. DOCG 등급으로 분류된 지역으로는 바바레스꼬 Barbaresco, 바롤로 Barolo, 몬탈치노 Brunello di Montalcino, 몬테풀치아노 Vino Nobile di Montepulciano 그리고 끼안띠 Chianti 등이 있다. DOCG 등급 와인은 병목에 분홍색 띠를 둘러서 다른 등급과는 차별되게 판매하고 있다.

② Denominazione di Origine Controllata
(데노미나찌오네 디 오리지네곤뜨롤라따–DOC)

프랑스의 AC와 같은 등급이며 1963년에 도입되었다. 라벨에 DOC가 적혀 있으면 와인은 라벨에 명시된 포도밭에서만 생산되고, 포도재배와 와인양조의 생산방식이 DOC의 규정을 다르고 있음을 보증해준다.

③ Indicazione Geografica Tipica (인디까찌오네 제오그라피까 디삐까–IGT)

프랑스의 뱅 드 빼이 Vin de Pays 와 동일한 범주의 와인이며 세계적으로 아주 주목받고 있는 몇몇의 와인들 중에는 IGT등급의 와인들이 속한 것도 있다. 이는 이탈리아 와인 중에는 상대적으로 등급은 낮으나 품질이 우수한 고급 와인이 많은데, 이는 단지 DOCG나 DOC 등급 기준에 맞지 않기 때문이다.

④ Vino da Tavola (비노다 따블라–VDT)

Table Wine으로 프랑스의 뱅 드 따블 Vin de Table 과 동일한 범주에 있는 와인이며 일반적으로 매우 심플하고 가장 저렴한 와인이다.

와인 라벨 Wine Label

Plus Tip

이탈리아 와인에서 자주 볼 수 있는 용어

Abboccato (Lightly sweet)

Amabile (Medium sweet)

Amaro (Bitter or dry)

Amarone (A DOCG red wine made from dried grapes)

Azienda/Tenuta (Estate)

Azienda Agricola
(An estate that grows its own grapes to produce wine)

Bianco (White)

Cantina (Winery)

Cantina sociale (Co-operative winery)

Cascina (Wine estate)

Classico
(Generally wines from better vineyards in DOC and DOCG zones)

Dolce (Sweet)

Frizzante (Slightly sparkling)

Imbottigliato all'origine (Estate bottled)

Metodo Classico
(Sparkling wine made by the classic Champagne method)

Passito
(A wine made from dried grapes with strong flavor can be dry or sweet)

Produttore (Wine producer)

Rosato (Rose)

Rosso (Red)

Secco (Dry)

Spumante (Sparkling)

Superiore (Usually wines with higher alcoholic strength)

Vendemmia (Vintage)

Vecchio (Literally, 'Old' or 'Aged'. Appears on many wine lables if they meet the local DOC wine ageing specifications)

Vigneto (Vineyard)

Vianco (비안코) : 화이트와인

Rosato (로사토) : 로제와인

Rosso (로소) : 레드와인

Secco (세코) : 단맛이 없는

Dolce (돌체) : 단맛이 매우 많은

Spumante (스푸만테) : 스파클링와인

와인 라벨 Wine Label

독일 German Wine Labels

독일 역시 프랑스의 AOC나 이탈리아의 와인법에서 규정한 것과 마찬가지의 등급을 정해 관리해오고 있다. 총 4단계의 등급이 있으며, 최상급의 QmP 등급은 독특하게 포도 수확 시기에 따라 다시 6단계로 나뉜다. 최상급 6단계는 카비네트, 슈패트레제, 아우스레제, 베렌아우스레제, 트로켄베렌아우스레제, 아이스바인 등으로 나뉜다.

Plus Tip

독일와인에서 자주 볼 수 있는 용어

- **Trocken** (트로켄) : 단맛이 없는
- **Halbtrocken** (할프트로켄) : 단맛이 약간 있는
- **Mild** (밀트) : 단맛이 많은
- **Suss** (쉬스) : 단맛이 많은
- **Lieblich** (리블리히) : 단맛이 많은
- **Weiss** (바이스) : 화이트와인
- **Rot** (로트) : 레드와인
- **Weingut** (바인구트) : 자체 농장이 있는 와인 공장
- **Weinkellerei** (바인켈러라이) : 자체 농장이 없이 다른 와인 공장에서 와인을 구입하여 팔거나 병입하여 파는 회사
- **Sekt** (섹트) : 스파클링와인

와인 라벨 Wine Label

① Winery / Estate (와인 브랜드 명칭)
② Vintage (빈티지, 2007)
③ Grape Variety (포도품종)
④ Grape Ripeness Level (품질 등급, 포도수확시기에 따른 품질등급, 포도의 농익은 정도)
⑤ Style (와인스타일)
⑥ Vineyard (포도원 이름)
⑦ Wine Region (원산지 명칭)
⑧ Bottler (와인을 담은 병입지)
⑨ Bottler Address (와인 생산국가)
⑩ Quality Category (품질등급)
⑪ Government Approval Number (AP) (정부승인번호)
⑫ Liquid Content of the Bottle (와인용량)
⑬ Alcohol Content of the Wine (알코올 함유량)
⑭ Additional Quality Assurance Logos (품질보증로고)

 The Association of German Wine Estates

 Deutsches Güteband Monitored by the German Agricultural Association

와인 라벨 Wine Label

독일의 와인 등급

1) Qualitätswein mit Prädikat (QmP) or Prädikatswein (쿠발리테쯔 바인 미트 프레디카트)

영어로는 Quality wine with special attributes 즉 특징 있는 고급와인이란 뜻으로 QmP라고 하며, 독일와인의 32%를 차지하고 있으며, QmP는 다시 다음과 같이 나누어진다.

- **a. 카비넷(Kabinett)** 가볍고 약간 스위트한 와인으로 QmP의 대중적인 것이라 할 수 있고 잘 익을 포도로 만든 와인, 고급 등급 중 가장 기본적인 등급
- **b. 슈페트레제(Spatlese)** 'Late picking' 늦게 수확하여 만든 와인이란 뜻으로 정상적인 수확기를 지나 당도가 높아진 다음 수확한 포도로 만든 와인, 포도의 당도는 18.4~21.6brix
- **c. 아우스레제(Auslese)** 'Out picked' 선택적으로 과숙한 포도만을 수확하여 만든 와인이란 뜻으로 늦게 수확한 포도 중 좋은 품질로 선별하여 만든 와인이다. 포도의 당도는 20~23brix
- **d. 베렌아우스레세(Beerenauslese)** Beeren=berry 즉 잘 익은 포도열매만을 선택적으로 수확하여 만든 와인이란 뜻으로, 보통 스위트와인이 되며 포도 알맹이가 쭈글쭈글해져야 하며 선택적으로 수확한다. 귀부포도 사용, 포도의 당도는 26~30brix
- **e. 아이스바인(Eiswein)** 12월까지 포도나무에 매달아 놓은 채 얼려서 해동시키지 않고 즙을 짜서 만든 와인이다. 보트리티스 곰팡이의 영향을 받도록 두면서 서리와 눈을 맞추고 수확하여 얼어 있는 상태에서 압착하여 발효시킨다.
- **f. 트로켄베렌아우스레세(Trockenbeerenauslese, TBA)** Trocken=dried 즉 건포도와 같이 열매를 건조시킨 다음에 만든 와인이란 뜻으로 스위트와인이 된다. 귀부병이 걸린 포도로만 만든 화이트와인으로 최고급이며, 귀부포도를 건포도수준에서 수확하여 만든 와인이다. 포도의 당도는 35~36brix

2) Qualitätswein bestimmter Anbaugebiete-Q.b.A. (쿠발리테쯔 바인)

공식적인 명칭은 쿠발리테쯔바인 베스티머 안바우게비트 Qualitats wein bestimmer Anbaugebiete, Quality wine from specified regions 약자로 Q.b.A라 하고 특정지역에서 생산되는 고급와인이란 뜻으로 법률로 정한 13개 지역에서 생산되는 와인으로 전체의 65%를 차지한다.

3) Deutscher Landwein (란트 바인)

타펠바인의 높은 등급으로 어느 정도의 생산지 구분이 있다.

4) Tafelwein (타펠 바인)

가장 낮은 등급으로 재배지 명칭이 없으며, 테이블 와인은 100% 독일산으로 해야 하고 알코올은 15% 이하이다.

5) Deutcher Tafelwein (도이치 타펠바인)

정해진 지역의 포도를 75% 사용해야 하며, 독일와인의 3%를 차지하고 있다.

와인 라벨 Wine Label

스페인 Spain Wine Labels

스페인에서는 옛날부터 와인의 원산지를 명확히 하는 개념이 있어서 법적인 규제의 역사도 오래되었다. 등급 기준은 30여 년 전인 1970년에서야 이와 같은 등급 구분이 시작되기는 했지만 1988년에 개정되어 현재는 아래와 같은 체계를 갖추게 되었다.

Plus Tip

스페인 와인라벨을 읽을 때 필요한 용어

1) 스페인 와인에서 자주 볼 수 있는 용어

- **Con Crianza** (끄리안사) : 숙성된
- **Sin Crianza** (끄리안사) : 숙성이 안 된
- **Vina, Vinedo** : 포도원
- **Cosecha** : 빈티지 포도 수확연도
- **Anejo** (아네호) : 숙성시킨
- **Blanco** (블랑코) : 흰 - White
- **Bodega** (보데가) : 셀러
- **Cava** (까바) : 발포성 와인(샴페인 방식) **Cepa**(세빠) : 포도품종
- **Criadoy embotellado por** (끄리아도 이 엠보떼야도 뽀르) : 포도 재배한 곳에서 병입한 것-와인담은 병입지
- **Dulce** (둘세) : 단맛
- **Espumoso** (에스뿌모쏘) : 스파클링와인
- **Rosado** (로사도) : 로제
- **Seco** (쎄꼬) : 드라이
- **Tindo** (띤또) : 붉은 - Red
- **Vendimia** (벤디미아) : 수확

2) 스페인 와인의 숙성규정

- **Vino de Crianza** (비노 데 끄리안사)
  : 24개월의 숙성, 6개월은 330리터의 작은 오크통 숙성
- **Reserva** (레세르바) : 36개월의 숙성, 1년은 오크통에서 숙성
- **Gran Reserva** (그란 레세르바)
  : 60개월의 숙성, 18개월은 오크통에서 숙성

와인 라벨 Wine Label

① 빈티지
② 와인 브랜드 명칭
③ 와인 숙성 정도
④ 와인 원산지 명칭
⑤ 포도원 이름

① Vintage (빈티지, 2004)
② Name of Wine (와인 브랜드 명칭)
③ Denotes Length of Aging (Crianza)
   (와인 숙성 정도; 총 2년의 숙성을 거친 와인)
④ DO (Region) (와인 원산지 명칭)
⑤ Name of Winery (포도원 이름)

① 포도원 이름
② 원산지 명칭
③ 포도품종
④ 빈티지

① **Bodega** (포도원 이름) : The name of the vineyard. In this case, the vineyard is Martinez Bujanda.
② **Region** (원산지 명칭) : The location where the grapes have been grown. This label shows that the grapes where grown in the Rioja region, the largest and best known area for grape growing in Spain.
③ **Varietal** (포도품종) : The type of grape used to make the wine. Here, Garnacha grapes where used. Other popular varietals in Spain include, Tempranillo, Graciano, Mazuelo, Viura, Malavasia, Xarello, and Parellada. See the section below for more information about varietals.
④ **Vintage** (빈티지) : The year the wine was made. The wine in this bottle dates back to 1990.

와인 라벨 Wine Label

스페인 와인등급

DOC (Denomináciόne de Origen Calificada)
D.O. (Denomináciόne de Origen)
Vino de la Tierra
Vino Comarcal
Vino de Mesa

1) DOC (Denomináciόne de Origen Calificada) (원산지 통제 명칭 와인)
각종 엄격한 기준을 충족시켜야 하는 최고 등급의 D.O.C.를 획득하고 있는 지역은 리오하 지역 한 곳뿐이다.

2) D.O. (Denomináciόne de Origen) (원산지 명칭 와인)
지정된 와인 산지 표시이다. 일정 지역에서 인가된 품종을 사용해 각종 규정을 충족시킨 와인이다. 프랑스 A.O.C.급 와인에 해당하는 산지로서 현재 69개의 D.O.가 있으며 다음과 같이 숙성 조건에 따라 다르게 표기된다. 그러나 프랑스의 A.O.C.와는 달리 지정 지역이 광범위하기 때문에 고급 와인과 일반 와인이 혼재하고 있다.

a. 비노 호벤(Vino Joven) 그해 수확한 포도로 와인을 양조한 후 그 이듬해 판매한다. 즉 오크통 숙성을 거치지 않고 바로 마시는 와인이다. 호벤은 young, 젊은이란 뜻이다. <신 크리안싸(Sin Crianza)>라고도 한다.

b. 비노 데 크리안싸(Vino De Crianza) 레드와인의 경우 오크통 숙성기간 6개월을 포함하여 총 2년의 숙성을 거친 와인이다. 예를 들어 2000년에 수확한 포도를 원료로 레드와인을 만들 경우 비노 데 크리안싸는 2년 동안 숙성을 거쳐 2003년부터 출하할 수 있다. 화이트와 로제와인은 오크통 숙성기간은 6개월로 같으나 총 숙성기간은 1년이다.

c. 레세르바(Reserva) 레드와인의 경우 오크통 숙성기간 1년을 포함 총 3년의 숙성을 거쳐야만 출하가 허가된다. 화이트나 로제와인은 오크통 숙성기간 6개월을 포함 총 2년이다.

d. 그란 레세르바(Gran Reserva) 레드와인의 경우 오크통 2년을 포함 총 5년간 숙성을 거쳐야만 라벨에 표기할 수 있다. 화이트와 로제와인은 오크통 숙성기간 6개월을 포함 총 4년이다.

Gran Reserva
Reserva
Vino De Crianza
Vino Joven

3) Vino de la Tierra
D.O.급 와인보다 한 단계 낮은 와인 품계이다. 프랑스의 VDQS와 동일한 수준이라고 말할 수 있다.

4) Vino Comarcal
프랑스의 뱅 드 페이(Vin de Pays)와 동일한 수준이다. 산지 이름을 표시할 수 있다. 승인된 지역 안에서 생산되는 포도를 60% 이상 사용한 와인이다.

5) Vino de Mesa
프랑스의 뱅 드 타블(Vin de table)과 같은 수준이다. 일상적으로 마시는 와인으로 스페인 와인 연간 생산량의 75%를 차지한다. 와인에 대한 기준이 거의 없는 수준의 와인이다.

와인 라벨 Wine Label

미국 America Wine Label

1) 미국와인의 특징

① 유럽은 전통적으로 포도밭에 등급이 있고 제조방법 또한 법으로 규제하고 있어 새로운 시도가 불가능하지만 미국은 현대적인 포도 재배 및 양조 기술을 최대한 활용, 다양한 실험을 통해서 품질 좋은 와인을 생산하고 있다. 미국의 경우 고급 와인은 버라이어털 ^{Varietal} 와인으로 분류되는데, 원료가 된 포도 품종 자체를 상표로 사용하는 것이 특징이다. 다만 그 품종이 반드시 75%(1983년 이전에는 51%) 이상 와인 생산에 사용되어야 한다.

② 버라이어털 와인과 구별되는 고급 와인으로 메리티지 ^{Meritage} 와인이 있다. 이 와인은 카베르네 쇼비뇽이나 메를로 같은 프랑스 보르도 지방산 품종만을 적당한 비율로 섞어 만든다. 한 품종의 사용 비율이 75%를 넘지 않기 때문에 포도 품종을 상표로 사용하지 못한다. 이 와인은 미국의 유명한 와인 생산업체들이 프랑스 보르도 지방의 특급 와인에 도전하기 위해 만들기 시작했는데, 각 업체별로 연간 30만 병 이상을 생산하지 않는다.

③ 일부 회사의 경우 리저브 ^{Reserve} 라는 단어를 라벨에 표기하는데, 법적 구속력은 없지만 오랜 숙성을 거친 프리미엄급 와인임을 뜻한다. 값싼 일반 와인은 제네릭 ^{Generic} 와인으로 분류된다. 이 와인은 부르고뉴, 샤블리와 같은 프랑스의 유명한 와인 생산지 명칭을 그대로 상표에 사용해 그곳 스타일과 비슷한 와인이란 이미지를 준다.

와인 라벨 Wine Label

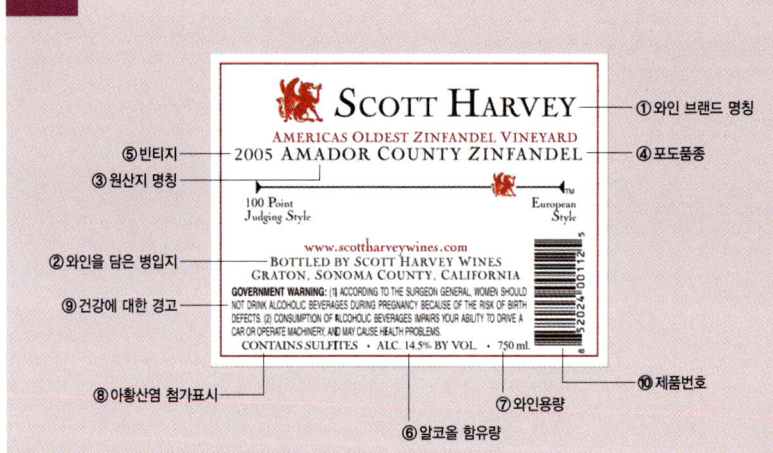

⑤ 빈티지
③ 원산지 명칭
② 와인을 담은 병입지
⑨ 건강에 대한 경고
⑧ 아황산염 첨가표시
⑥ 알코올 함유량
⑦ 와인용량
① 와인 브랜드 명칭
④ 포도품종
⑩ 제품번호

① Brand identification or Brand name (와인 브랜드 명칭)
② Name and address of the bottler or producer (와인을 담은 병입지) : 'Produced and bottled by' is allowed if the bottler fermented and clarified at least 75% of the wine.
③ Appellation of origin (원산지 명칭) : The appellation system in the US is commonly referred to as AVA or American Viticultural Area. (eg. Sonoma Valley)
④ Varietal labeling : Zinfandel (포도품종)
⑤ Vintage labeling (빈티지) : 2005
⑥ Alcohol content (알코올 함유량) : 14.5%
⑦ Volume of contents (와인용량) : 750ml
⑧ Declaration of sulfites (아황산염 첨가표시) : 'Made with organically grown grapes' will have more sulfites than 'Organic' wines.
⑨ Government health warning (건강에 대한 경고) : Any wine bottled or imported for sale or distribution in the United States, must have a health warning statement on the label.
⑩ Lot Number (제품번호)
⑪ Class or type of wine (와인 타입) : Namely table wine, sparkling wine, fruit wine, aperitif wine or carbonated grape wine among others.

와인 라벨 Wine Label

2) 미국의 AVA 제도

① 공인된 전문 포도재배지역, 최소 단위의 와인산지
② 1983년 포도재배지역의 지리적, 기후적 특성과 토양을 나타내는 American Viticultural Areas 제도 도입(프랑스 AOC제도 같은 품질 관리 제도와 다르다).
③ 생산지와 포도품종을 표기, 품질 규제는 하고 있지 않음
④ AVA의 이름을 사용하기 위해서는 해당 지역에서 재배된 포도 85% 이상 사용해야 함(와인 양조 관련 법규가 엄격하지 않음).
⑤ 미국 와인 구입 시 등급보다는 유명 지역의 유명 와이너리 와인 구입
⑥ 주요 와인산지: 캘리포니아 주, 오리건 주, 워싱턴 주, 뉴욕 주 등

와인 라벨 Wine Label

호주 Australia Wine Label

호주는 좋은 품질의 와인을 생산하는 국가로 빠르게 발전하고 있다. 최근에 소개된 기술로 더욱 더 좋은 품종의 포도와 와인들을 생산하고 있다. 기후는 미국 캘리포니아와 비슷한데 주요 포도 재배지역은 뉴사우스 웨일즈 New South Wales 의 약간 서늘한 지방인 남부지역, 빅토리아 Victoria 와 호주 남부 지역으로 해면의 가장자리에 위치하여 둥근 아치모양을 이룬다. 호주 와인들은 와인 지역을 라벨에 명시하지는 않는다.

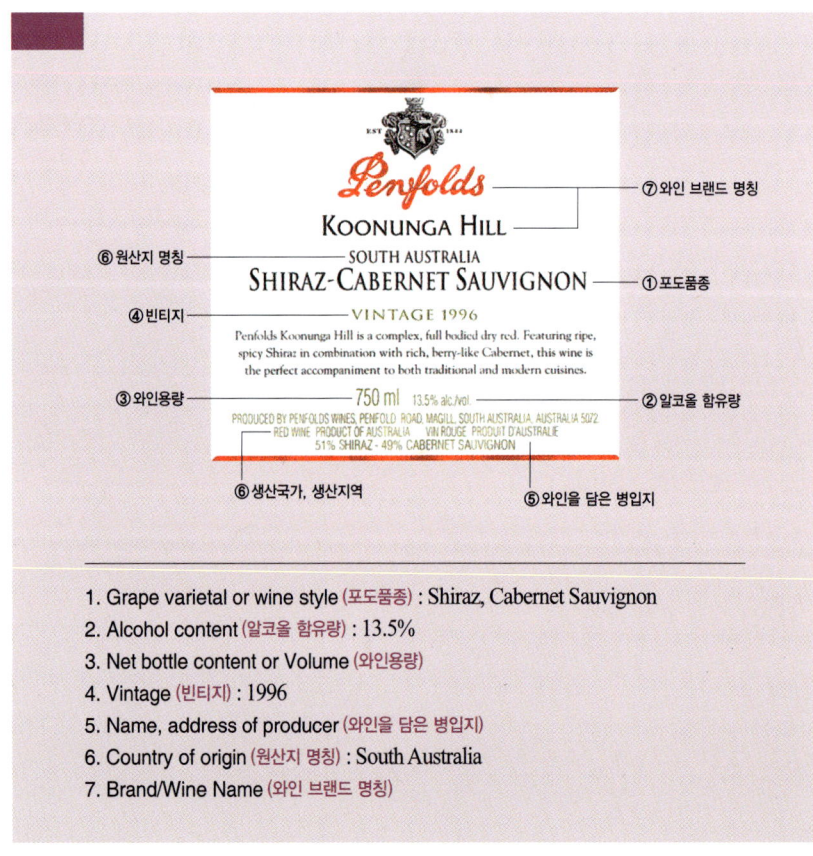

1. Grape varietal or wine style (포도품종) : Shiraz, Cabernet Sauvignon
2. Alcohol content (알코올 함유량) : 13.5%
3. Net bottle content or Volume (와인용량)
4. Vintage (빈티지) : 1996
5. Name, address of producer (와인을 담은 병입지)
6. Country of origin (원산지 명칭) : South Australia
7. Brand/Wine Name (와인 브랜드 명칭)

와인 라벨 Wine Label

　미국이나 호주 등처럼 신대륙 와인들도 자국의 와인 생산에 많은 규정을 적용하고 있지만, 유럽에 비해서는 포도의 품종이라든지 생산방법에 대한 명확한 규정을 마련하는데 덜 제한적인 경향이 있다. 프랑스나 이탈리아가 자국의 와인에 협회의 '통제'라는 단어를 강력하게 명기하는 반면, 비유럽 국가 대부분의 명명 시스템과 그 통제력은 다소 미약하다. 이러한 내용이 다른 국가에서 생산되는 와인 제조 관련 규정이 질이 낮은 와인을 생산하게 한다는 것으로 결론지어져서는 안 된다. 다행히 이러한 나라들의 포도밭은 과일을 익게 하는 햇살이 풍부한 곳에 자리한 경우가 많아 엄격한 제한을 할 필요가 별로 없기 때문이다. 질 좋은 와인에는 잘 익은 포도가 필수적이라는 것을 기억한다면, 또한 와인 관련 규정이 특정 지역을 유럽처럼 좁게 구획 짓지 않아 와인 제조업자들이 상대적으로 넓은 지역에서 잘 익은 포도를 구할 기회가 많다는 것을 감안한다면 이해가 쉬울 것이다.

감각기관 You and Your Senses

시각 Sight

와인의 색 Color

먼저 눈으로 와인의 색깔과 투명도를 확인하는데 이는 와인의 색은 빈티지(포도 수확기), 와인종류, 숙성기간, 스타일에 따라 다르기 때문이다. 와인글라스에 와인을 약 3분의 1 정도만 따르는데 절대 와인잔의 반이 넘지 않도록 한다.

흔히, 와인의 보올 부분을 잡는 경우를 보게 되는데 이런 경우 와인의 색을 제대로 볼 수 없고 잔이 얼룩지기 때문에 시각적인 관찰이 힘들어지고, 손의 온도가 전달되어 와인의 온도가 높아지기 때문에 와인글라스의 다리를 잡아야 한다. 와인의 온도는 최상의 와인 맛을 내는데 있어서 중요하다. 와인의 투명도를 살피기 위해서는 와인잔을 들어 흰 백지에 비추어보든지 밝은 빛에 비추어서 와인의 색을 보아야 한다. 이를 통해 와인이 맑은지 뿌연지를 알 수 있다. 맑은 색으로 반짝거리며 빛이 난다면 이 와인은 상태가 좋은 것이지만 흐리거나 뿌연 그림자가 있다면 이 와인은 오래 되었거나 보관상태가 좋지 않다는 것을 알 수 있다.

chapter 2 | 와인 테스팅   73

감각기관 You and Your Senses

레드와인

- 핑크색이나 보라색을 띠는 와인 종류 - 쉬라 $^{Petite\ Sirah}$
- 진한 적색을 띠는 와인 종류 - 까베르네 소비뇽 $^{Cabernet\ Sauvignon}$, 보르도 지역 와인들, 메를로 ^{Merlot}
- 밝은 적색을 띠는 와인 종류 - 피노 누아 $^{Pinot\ Noir}$, 버건디 지역 와인 $^{Burgundy\ Wine}$
- 보라빛을 띠는 밝은 적색 와인 종류 - 보졸레 지역 와인

화이트와인

- 창백한 노란색을 띠는 와인 종류 - 샤블리 ^{Chablis}, 독일산 리즐링 ^{Riesling}, 소비뇽 블랑 $^{Sauvignon\ Blanc}$
- 볏짚의 색깔을 띠는 와인 종류 - 게뷰르쯔트레미너 ^{Gewurztraminer}, 슈냉 블랑 $^{Chenin\ Blanc}$, 리즐링 ^{Riesling}
- 버터 색깔과 유사한 와인 종류 - 샤르도네 ^{Chardonnay}, 프랑스산 버건디 ^{Burgundy}
- 금빛과 유사한 와인 종류 - 디저트용 와인종류, 숙성이 많이 된 화이트와인들

감각기관 You and Your Senses

와인의 농도 Intensity

와인의 색이 짙은지 옅은가를 알아보는 과정이다. 특히 화이트와인은 엷은 노란색에서 짙은 황금색을 띠며, 레드와인에 있어서 농도는 불투명한 색에서 투명한 색까지 있는데 오래된 와인일수록 와인글라스 끝부분을 보면 약간 갈색 빛을 띠게 된다.

투명성 Clarity

와인이 투명하고 신선한지, 반짝 반짝 빛이 나는지 혼탁한지를 구분하며, 혼탁하다면 변질했을 가능성이 높다.

Appearance
Clarity : clear-dull
Intensity : water white-pale-medium-deep-opaque

Color
White : colorless-lemon green-green-gold-amber
Rosé : pink-salmon-orange
Red : purple-ruby-garnet-mahogany-tawny

감각기관 You and Your Senses

후각 Smell

  와인의 향은 와인에 대해 좀 더 많은 것을 말해주며, 와인의 향을 노우즈 ^{Nose} 라 부른다. 먼저 와인이 든 잔을 돌려서 와인이 와인잔 표면적에 점차 넓어지면 천천히 코로 깊게 와인의 향기를 맡아보는 것이 좋다.

  와인잔을 돌리는 것은 공기접촉을 통해 와인을 더 신선하게 만들어주며 와인 속에 숨어 있었던 여러 가지 아로마 ^{Aroma} 와 부케 ^{Bouquet} 를 발산하게 해준다. 품질이 좋은 와인은 매우 풍부한 향을 가지고 있으나, 단순한 와인은 향이 평이한데 그 차이를 분간하는 것이 바로 후각이다.

  와인의 향은 **Tasting**에 있어서 중요한 역할을 하며, 와인에서 감지할 수 있는 향은 다음과 같다.

감각기관 You and Your Senses

화이트와인
- 샤도네 Chardonnay - 배, 사과, 파인애플, 멜론, 레몬, 바닐라, 클로버
- 슈냉 블랑 Chenin Blanc - 배, 복숭아, 잘 익은 멜론, 레몬, 샐러리
- 게뷰르츠트레미너 Gewurztraminer - 장미, 리치향
- 리즐링 Riesling - 녹색사과, 살구, 복숭아, 꿀
- 소비뇽블랑 Sauvignon Blanc - 자몽, 레몬, 허브, 잔디, 연기, 부싯돌
- 세미용 Semillion - 잔디, 레몬, 땅콩, 버터
- 비오니어 Viognier - 살구, 신선한 꽃향기

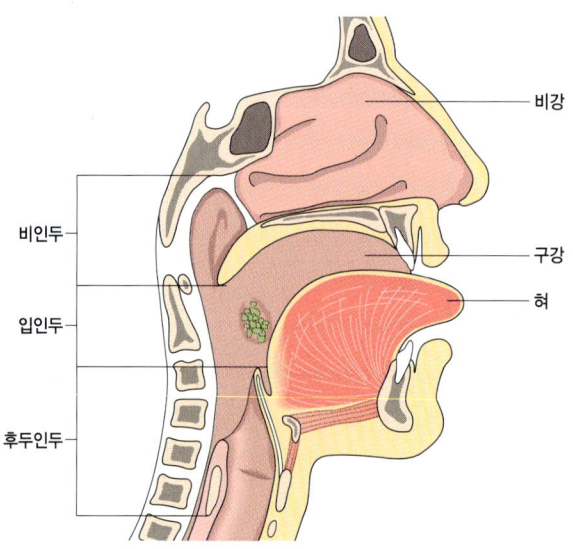

대부분의 와인향은 입에서 증발된 향과 비강과 연결된 통로의 후반부에서 인지되는 향을 말함.

감각기관 You and Your Senses

레드와인

- 까베르네 소비뇽 Cabernet Sauvignon - 나무, 시가 박스, 민트, 블랙 커런트, 클로버, 계피, 고추, 올리브, 초콜릿, 크림향
- 가메이 Gamay - 신선한 딸기, 딸기소다, 계피 크림
- 그레나슈 Grenache - 토양, 검은 후추, 오얏, 커피, 매운향
- 멜로 Merlot - 초콜릿, 바이올릿, 오렌지, 오얏, 블랙
- 피노 누아 Pinot Noir - 나무연기, 습기찬 토양, 버섯, 딸기, 헛간냄새, 크림향
- 산지오베제 Sangiovese - 담배, 연기, 매운향, 건포도
- 쉬라 Sirah - 검은 후추, 블랙베리잼, 블랙베리, 오렌지, 오얏
- 템프라니오 Tempranillo - 토양, 버섯, 나무
- 진판델 Zinfandel - 라즈베리, 초콜릿, 블랙체리, 클로버, 검은 후추

변질된 와인

식초, 흙, 고무, 석유, 양배추, 황, 생선, 상한 계란냄새, 매니큐어, 에나멜, 코르크, 곰팡이 냄새 등이 난다.

감각기관 You and Your Senses

미각 Taste

단맛 Sweet

단맛을 느낄 수 있는 출처는 알코올 그 자체와 자연적으로 잘 익은 과일에서 오는 풍미이다(드라이와인은 포도의 모든 당분이 알코올로 변했기 때문이다). 대부분의 일반와인에서 느낄 수 있는 8-14%의 알코올 함량은 단맛을 나타내는 요인이며, 단맛은 가장 먼저 느끼게 되는 맛이다. 주로 혀끝에서 감지되며 달콤한 맛, 부드러운 맛, 기분 좋은 맛은 포도주의 잔류당분과 질감(점도)에서 온다. 와인 시음에 있어서는 감미로움(달콤하고 부드러움)이라고 표현한다.

대부분의 사람에게는 단맛은 그 자체에 대한 거부감이 가장 없는 유일한 풍미인데, 찰싹 달라붙는 느낌, 휘감기는 느낌, 부드럽게 조화된 느낌을 말하며, 스위트sweet 무왈르Moelleux, 와인에서 감미로움을 느낄 수 있다.

감각기관 You and Your Senses

짠맛 Salty

와인에 염분이 포함되어 있더라도 실제로 짠맛을 느끼는 경우는 드물다. 또한 우마미 Umami 는 "맛있다"라는 일본어 용어로 글루타민산나트륨의 풍미를 표현한다.

신맛 Acid

와인에서 가장 중요한 산은 주로 주석산, 사과산이 있는데 모두 포도에서 나온 성분이다. 더운 기후지역에서 자란 포도에서는 포도 안의 산이 충분하지 못한 경우도 있다. 산미의 날카로움은 혀 윗부분에서 전반적으로 쉽게 인식되고 있다. 불쾌할 만큼 산미가 높으면 타액을 희석하는 경향이 있어서 수렴성을 약하게 느끼게도 한다. 산미가 적절하면 입맛을 돋게 하며 타액의 분비를 도와서 입안을 매끈하게 해 마치 포도주스를 마시는 것처럼 느끼게도 한다.

산도 Acidity | 와인에 신선함을 더하고 상큼한 맛을 내는데 필수적인 요소이다. 산도가 너무 높으면 와인이 시어지고, 너무 낮으면 와인의 맛이 밋밋해지며 향이

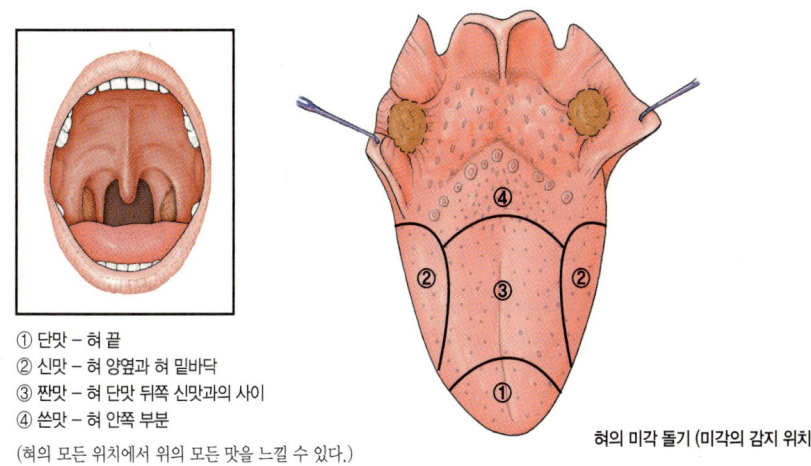

① 단맛 – 혀 끝
② 신맛 – 혀 양옆과 혀 밑바닥
③ 짠맛 – 혀 단맛 뒤쪽 신맛과의 사이
④ 쓴맛 – 혀 안쪽 부분
(혀의 모든 위치에서 위의 모든 맛을 느낄 수 있다.)

혀의 미각 돌기 (미각의 감지 위치)

감각기관 You and Your Senses

입안에 오래 남지 않고 짧게 끝난다. 혀 양끝을 꽉 조이는 듯한 느낌을 동반하여 타액을 분비시키며, 와인의 생명력을 의미한다.

화이트와인인 경우
- 산도가 강한 경우 : 드라이함, 산뜻함, 짜릿함
- 중간 정도의 산도인 경우 : 산뜻함, 짜릿함
- 낮은 산도의 경우 : 달콤하고 원숙하다

쓴맛 Bitter

거의 익지 않은 레드와인 포도품종에서 나오는 설익은 타닌, 레드와인과 화이트와인 양조 시에 포도의 껍질과 씨를 으깨는 과정에서 나오는 쓴맛, 레드와인의 양조과정 중 침출용 추출 시 지나친 추출과정을 통해, 화이트와인을 너무나 오랫동안 오크통에 보관하는 등에서 생겨난다. 그리 기분 좋은 맛은 아니며, 거칠고 오래 지속되는 맛이다. 신맛과 품질 있는 와인에서는 드문 맛이다. 신맛과 어울려 쌉쌀한 맛으로 나타나며, 단맛과 어울려 초콜릿맛으로 나타난다.

타닌 Tannin | 레드와인을 마시다보면 종종 쌉쌀하고 떫떠름한 자극을 느끼게 된다. 이는 포도에 함유된 타닌이라는 성분 때문이다. 별로 친숙하지 않은 개념이지만 와인맛을 얘기할 때는 가장 많이 등장하는 표현이다. 타닌은 주로 포도의 껍질과 씨, 그리고 나뭇가지에서 추출된다. 과육에도 타닌이 있지만 아주 극소량이고 그다지 영향을 미치지 않는다. 또한 극소량은 오크통에서 숙성되는 사이에 나무에서도 온다. 일반적으로 레드와인을 만드는데 씨, 껍질, 가지가 많이 들어가면 타닌의 수준도 높아진다. 화이트나 로제의 경우는 타닌한 정도가 훨씬 적게 느껴진다.

타닌의 강한 맛은 고급 와인이 어릴 때 보다 선명하게 드러난다. 장기 숙성이 가능한 최고급 레드와인들은 대개 타닌을 많이 포함하고 있다.

감각기관 You and Your Senses

　타닌은 영 young 할 때는 씁쓸하고 드라이한 자극을 이끌어내지만, 숙성을 거치면서 부드러워진다. 숙성되면서 타닌은 어떻게 변할까? 와인에서 타닌의 숙성도 이와 유사하다. 좋은 와인을 너무 일찍 마시면 떫고 쓴맛이 강하게 느껴진다.

　터프한 맛을 즐기는 사람도 있지만 이런 경우는 너무 빨리 와인을 마셔버리는 것이라 할 수 있다. 타닌은 와인을 장기간 보관하고 숙성시킬 수 있는 힘을 지니고 있다. 오래 숙성될수록 타닌은 부드러워지고, 어릴 때 느껴졌던 거친 맛이 사라진다. 타닌을 제외하면 와인에는 신맛과 단맛이 존재한다. 타닌이 곁들여짐으로써 와인 맛은 보다 복잡성을 띠는 것이다. 단순히 혀뿐만 아니라 입 안에서 풍부하게 느껴지는 자극의 원동력이 타닌인 셈이다. 타닌이란 맛이 아니라 자극이기 때문이다.

　또한 타닌은 냄새를 맡을 수도 없다. 보르도 와인을 만드는 주품종인 까베르네 소비뇽에는 타닌이 아주 많이 들어 있다. 그 중에서도 까베르네 소비뇽을 많이 써서 최고 품질의 와인을 생산하는 메독 지역의 와인들이 장기 보관에 용이한 이유는 이러한 타닌의 성질 때문인 것이다. 타닌의 성질 때문에 와인맛에 대한 여러 표현들이 파생된다. 쓰다, 떫떠름하다, 씁쓸하다, 쌉싸름하다, 거칠다, 터프하다, 강건하다, 남성적이다, 하드하다, 텁텁하다, 복잡하다 등등, 레드와인에 대한 많은 표현들은 타닌 때문에 훨씬 다양해보인다. 이런 맛에 대한 다양한 표현들은 다 타닌의 영향 때문이다.

레드와인인 경우
- 높은 타닌 : 휘발성이 강한 쓴맛, 드라이하다
- 낮은 타닌 : 부드러우며 마시기가 쉽다

와인의 바디 Body | 와인을 입에 머금었을 때 느껴지는 무게감이다. 보통 우유나 물과 비교가 되는데, 우유와 같이 묵직한 느낌이 들면 바디가 무겁다, 물과 같이 가벼운 느낌이 들면 보디가 가볍다고 말한다.

감각기관 You and Your Senses

- 라이트 바디 와인 Light-Bodied Wine : 입 안에 머금었을 때 물처럼 가볍고 경쾌한 느낌이 드는 와인을 말한다. 일반적으로 로제와인과 화이트와인에서 많이 느껴진다. 바디가 가벼우면서 풍부한 향을 지닌 고급 와인도 있는데, 물과 같이 맑은 느낌이 든다.
- 미디엄 바디 와인 Medium-Bodied Wine : 라이트 바디 Light-bodied 와 풀 바디 Full-bodied 의 중간 정도의 무게감이 느껴지는 와인이다. 물과 우유의 중간 정도의 느낌이 든다.
- 풀 바디 와인 Full-Bodied Wine : 입 안을 꽉 재우는 듯한 느낌의 와인이다. 보통 알코올 함량, 당분, 타닌 성분이 많을수록 무게감이 더 느껴진다. 우유를 머금었을 때처럼 무거운 느낌이다.

오크 Oak | 오크나무 성분이 있는지 없는지 구분

여운 Length, Aftertaste | 와인을 맛보고 난 후에 입안에 머무는 느낌이나, 여운, 길이

균형 Balance **과 조화** Harmony | 와인 속에 존재하는 이 모든 맛 느낌들은 개별적으로 단순히 섞여 있는 상태로만 존재하는 것이 아니라 서로 상호작용을 일으킨다. - "종합적인 새로운 느낌과 맛"

Plus Tip

균형(Balance)과 조화(Harmony)

1) **상승효과** 어떤 한 맛이 다른 맛의 인식을 도와준다(산도+타닌).
2) **감소효과** 어떤 한 맛이 다른 맛의 인식을 감춘다(부드러움[단맛] + 신맛, 부드러움[단맛] + 타닌).
3) **단순대조효과** 원래 서로 확연히 다른 맛이라 서로의 맛을 유지하는 경우(짠맛 + 단맛)

감각기관 You and Your Senses

와인 테이스팅 To Tasting Wine

와인 테이스팅 표현 용어

와인이 어렵게 느껴지는 가장 큰 원인은 복잡한 테이스팅 용어 때문일 수도 있다. 와인을 평가한 것이라고 믿기 어려울만한 시적인 언어와 많은 표현들이 존재한다. 역으로 생각하면 와인이 그만큼 섬세하고 복잡한 음료라는 이야기도 된다. 현재 와인에 관한 용어는 200여 개가 있다. 이 모든 용어를 일반인들이 익힌다는 것은 불가능하다. 단지 정해진 몇 가지 기본적인 용어를 익히고 이에 맞춰 자신만의 테이스팅 노트를 작성하면 된다.

시각 Sight Tasting 용어

Appearance	
Clarity	clear-dull
Intensity	water white-pale-medium-deep-opaque
Color	
White	colorless-lemon green-green-gold-amber
Rosé	pink-salmon-orange
Red	purple-ruby-garnet-mahogany-tawny

감각기관 You and Your Senses

후각 Smell Tasting 용어

Smell

Condition	clean-unclean (faults)
Intensity	weak-medium-pronounced
Development	youthful-developing-aged
Aroma characteristics	fruit-floral-spice-vegetal-nut-oak-other

미각 Taste Tasting 용어

Taste

Sweetness	dry-off dry-medium dry-medium-medium sweet-sweet
Acidity	low-low medium-medium-medium high-high
Tannin	low-low medium-medium-medium high-high
Body	light-light medium-medium-medium full-full
Intensity	light-medium-pronounced
Bubbles	Size: small-medium-large (sparkling wine only)
	Texture: delicate-creamy-aggressive
Flavor	fruit-floral-spice-vegetal-nut-oak-other characteristics
Alcohol level	low-medium-high-fortified
Length	short-medium-long

총체적인 평가용어

Conclusion

Quality	poor-acceptable-good-excellent
Maturity	immature-ready to drink, but could age-ready to drink-tired

감각기관 You and Your Senses

Plus Tip

와인의 여러 가지 표현 용어

와인용어	와인 용어의 뜻
Balanced (밸런스드)	입안 전체에서 한 가지 좋은 맛을 내는 정도
Explosive (익스플로시브)	즉시 미뢰를 강타하는 개성 있는 맛
Honest (어니스트)	풍미에 일관성이 있는 피노 누아, 시라 같은 품종
Massive (매시브)	여러 가지 맛을 가지는 묵직한 와인
Midpalate (미드팰럿)	첫맛에서 끝맛으로 옮겨지는 과정의 맛
Polished (폴리시드)	부메랑처럼 강하거나 약한 맛에서 시작해, 약하고 강한 것으로 변화했다가 다시 처음으로 돌아오는 와인
Round (라운드)	충분히 숙성되어 부드럽고 온화한 와인
Silky smooth (실카스무드)	부드러운 질감을 가진 와인으로 특히 끝맛이 아련하다
Thin (틴)	물처럼 청량하고 가벼운 와인

감각기관 You and Your Senses

와인 테이스팅 순서

시각 Sight | 와인을 글라스에 따랐을 때 가장 먼저 체크해야 할 것은 와인의 색상과 투명도이다. 시각적인 단계에서는 색상, 색상의 깊이와 뉘앙스, 투명도, 광택, 점도, 농도 등을 관찰한다.

감각기관 You and Your Senses

Disque : 와인을 잔에 따랐을 때 공기와 접하는 얇은 면 — Disque

후각 Smell | 와인 맛의 70%는 향으로 결정이 난다. 와인을 시음하는데 있어서 와인의 향은 아주 중요한 역할을 차지하고 있다. 와인의 향은 휘발성을 가진 화학성 향 입자이다. 향 입자는 휘발성 즉, 액체에서 기화 하는 능력의 정도가 각기 다르다. 잔은 흔들기 Swirling 전에 느끼는 향들은 와인을 만드는 포도나 과일의 본연의 향들이 많다. 이후 와인잔을 흔들어 향을 맡아본다면 와인이 숙성과정에서 나오는 복합적인 향들을 느낄 수 있다.

감각기관 You and Your Senses

Plus Tip

잔 흔들기 (Swirling)

와인을 잔에 따른 후 공기와 섞어 향을 발산시키기 위해 그 잔을 둥글게 돌려주는 행동을 말한다. 잔 흔들기는 소용돌이를 의미하며, 잔 흔들기를 하게 되면 와인이 공기와 접촉하면서 와인 속에 잠자고 있던 방향성 물질이 산소와 결합하게 되는데 이때 와인 특유의 향이 발산된다. 공기와 접촉해서 올라오는 이러한 와인 향을 부케^{bouquet} 라고 한다. 와인잔을 돌려 향기가 퍼지면 적어도 3번 이상 향을 맡아보도록 한다. 3번째 이상 맡는 향기에서 그 와인 특유의 향을 알 수 있기 때문이다. 이때, 아로마^{Aroma} 와 부케^{Bouquet} 는 와인의 향기를 묘사하는 용어이다.

감각기관 You and Your Senses

아로마 키트 Aroma Kit **란?**

　와인의 맛과 향을 보다 풍부하게 표현하기 위해서 와인에서 맡을 수 있는 향들을 분류하여 체계화하여 만들어놓은 Kit이다. 또한 후각의 기능을 증진시켜주며, 와인에 대한 감상과 테이스팅에 사용되는 용어를 풍부하게 해주는 가장 근본적이고 효율적인 도구이다. 와인 전문가와 와인 애호가 사이에서 많이 사용되며 필수인 아이템이다.

감각기관 You and Your Senses

Fruity (과일) Apple (사과) Pear (서양배) Lemon (레몬) Grapefruit (왕귤) Orange (오렌지) Lime (라임, 감귤 무리의 관목) Gooseberry (서양 까치밥 나무의 열매) Grape (포도)	Pineapple (파인애플) Melon (멜론) Banana (바나나) Peach (복숭아) Apricot (살구) Mango (망고) Lychee (=Litchi, 여지) Cherry (체리, 버찌) Strawberry (양딸기)	Raspberry (나무딸기, 복분자) Plum (서양자두) Blackberry (검은딸기) Blackcurrant (까막까치밥나무의 열매) Raisin (건포도) Prune (마른자두) Fig (무화과) Jam (잼)
Sweet (달달한) Chocolate (초콜릿) Honey (꿀)	Butter scotch (버터를 넣은 캔디 [흑설탕, 버터, 옥수수, 시럽, 물 등을 넣어 만든])	Toffee (=taffy, 설탕, 버터, 땅콩을 섞어 만든 캔디)
Wood (나무)	Vanilla (바닐라콩, 아프리카 열대 지방의 덩굴 식물)	Oak (떡갈나무, 졸참나무류의 낙엽 활엽수) Cedar (히말라야 삼목)
Spice (향료) Cinnamon (계피)	Pepper (후추) Liquorice (감초)	Smoke (연기) Tobacco (담배)
Savoury (특별한 향 계열) Truffles (송로버섯)	Game (가금류) Bacon (베이컨)	Leather (가죽) Ground coffee (가루로 만든 커피)
Herbal (허브) Hay (건초) Cut grass (잘린 풀)	Asparagus (아스파라거스) Green pepper (피망)	Mint (박하) Eucalyptus (유칼리나무잎)
Floral (꽃) Violets (제비꽃)	Red roses (붉은 장미) Elder flowers (시든 꽃)	Blossom (만발한 꽃)
Nutty (견과류) Toast (노르스름하게 구운 빵 냄새) Grilled nuts (구운 견과류)	Biscuits (비스킷) Almonds (아몬드)	Yeast (효모[균]) Bread (빵)
Dairy (낙농 제품)	Butter (버터)	Cream (크림, 유지)

감각기관 You and Your Senses

How to Taste Wine | 와인을 맛 볼 때에는 5S를 적용하는데 See, Swirl, Sniff, Sip, Spit의 과정을 통해서 와인의 아로마와 특징 그리고 와인의 이상 유무를 판단할 수가 있다. 특히 와인의 나이, 제조과정, 생산지역 등의 정보도 얻을 수 있다.

A. See

B. Swirl

감각기관 You and Your Senses

C. Sniff

D. Sip

E. Spit

감각기관 You and Your Senses

테이스팅 노트 Tasting Note

와인이 어떠한지에 대한 질문의 대답이 테이스팅 노트를 적는 것이다. 객관적이어야 하며, 정확하고 완성된 형태로 표현해야 한다. 와인의 풍미, 질감, 여운감 등에 대한 전반적인 규모를 적어야 하며 와인 품질에 대한 개략적인 설명과 함께 숙성도에 대한 전반적인 총평을 꼭 적어야 한다.

Wine Tasting Note		Date:	
종류 :	국 가 :		지 역 :
와인 품질 등급 :	빈티지 :		알코올 : %
와인 브랜드 & 생산자 :			
포도품종 :			
Appearance (시각)			
와인 색상:	점도 : 묽은 가벼운 보통 진한 묵직한		
Aroma & Bouquet (후각)			
과일 / 건과 / 야채 / 꽃 / 향신료 / 견과 / 나무 / 미네랄			
Taste (미각)			
산 도	낮은 – 부드러운 – 적당한 – 높은 – 강한		
당 도	Dry – Off dry – Medium dry – Medium sweet – Sweet		
타 닌	약한 – 부드러운 – 적당한 – 견고한 – 강한		
바 디	Light – Medium light – Medium – Medium full – Full		
균 형	불균형 – 그런대로 – 괜찮은 – 좋은 – 훌륭한		
구 조	단순한 – 가벼운 – 짜여진 – 다듬어진 – 농밀한		
풍 미			
여 운			
총평(MEMO)			

chapter 3

와인 서비스 Wine Service

- 레드와인 서비스(Red Wine Service)
- 화이트와인 서비스(White Wine Service)
- 스파클링와인 서비스(Sparkling Wine Service)
- 디켄팅 서비스(Decanting Service)
- 와인 보관 방법(Wine Storage in Restaurant and at Home)

레드와인 서비스 Red Wine Service

Stage Set
Red Wine, Red Wine Glass, Sommelier Tasting Glass, Wine Cork Screw, Wine Saucer, Side Table, White Cloth Napkin, Paper Napkin, Tray

Process of ready
1. 고객이 주문한 레드와인을 Tray를 사용하여 Side Table 위로 옮겨 놓는다.
2. 와인 라벨은 고객이 볼 수 있도록 놓는다.

Presentation
1. White Cloth Napkin을 2등분으로 접어서 왼손에 와인병 밑을 받치고 오른손은 와인 병목을 가볍게 잡는다.
2. 약 45도에서 60도 각도로 뉘인 후 고객 앞으로 운반한다. 이때 라벨의 앞면이 보이도록 한다.
3. White Cloth Napkin에 얹은 와인을 고객의 오른쪽 앞에서 오른발을 반 보 앞으로 하고 라벨을 고객의 정중앙으로 오게 한 다음 보여준다.
4. 한손으로 Presentation을 할 때에는 오른손은 레드와인 병을 잡고 왼손은 등 뒤에 붙인다.
5. 두손으로 Presentation을 할 때에는 왼손은 레드와인병 밑부분을 잡고 오른손은 레드와인 병목과 어깨 사이의 부분을 잡는다.
6. 고객의 오른쪽에서 국가명, 산지, 포도품종, 와인의 라벨, 빈티지(포도 수확연도) 순으로 설명한다.

레드와인 서비스 Red Wine Service

Opening the bottle

1. White Cloth Napkin 위에 와인병을 올려놓는다. 이때 라벨은 고객이 볼 수 있도록 한다.
2. 와인 캡슐을 제거하는데 이때 와인병을 눕히거나 돌려서는 안 된다.
3. Wine Screw에 붙어 있는 칼로 Capsule 중간의 약간 도출된 부분에 ^{Dripping Rim} 칼집을 반 바퀴 넣어 앞뒤로 하여 제거하는데, 와인 캡슐을 제거한 후 Paper Napkin으로 병마개 수위를 깨끗이 닦아내고 와인캡슐과 사용한 Paper Napkin은 상의 오른쪽 주머니에 넣는다.

4. Cork 중앙에 Wine Cork Screw를 삽입하고 이때 나선형이 1 Step 남도록 한다. 이때 Wine Cork Screw 손잡이가 5시 방향으로 오도록 한다.

레드와인 서비스 Red Wine Service

5. Wine Cork Screw를 사용하여 Cork를 제거한다 - Cork를 제거할 때 Wine Cork Screw에 딸려 있는 받침대를 병쪽 가장자리에 부착하고 밑에서 위로 조심스럽게 Cork를 빼는데 왼손으로 병쪽 가장자리에 밀착되어 있는 Wine Cork Screw의 받침대를 잘 지탱해야 한다.

6. 오른손으로 Cork를 제거한 후 즉시 냄새를 맡아 Wine의 이상 여부를 확인한 후 Cork를 Side Plate Wine Saucer에 담는다(이때 Cork Screw에 Cork가 박힌 채로 냄새를 맡는다).

레드와인 서비스 Red Wine Service

7. Serve하기 전에 병목을 종이 Napkin으로 잘 닦는다(Service하기 전에 Paper Napkin Tie를 제거한다).

  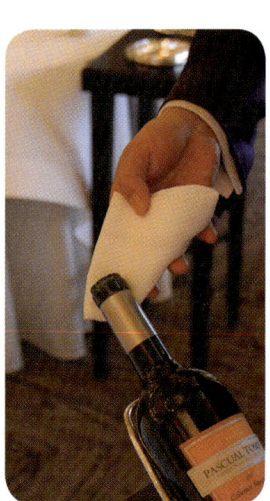

Plus Tip

와인병을 손으로 잡는 법

왼손에는 흰 Napkin을 준비하여 와인병의 밑바닥이 놓이도록 하고 오른손으로는 와인병목을 가볍게 잡고 운반한다. 이때 라벨이 보이도록 한다. 와인병 라벨 앞부분을 잡고 서비스한다. 또한 방법은 서비스하는 동안 고객이 라벨을 볼 수 있도록 와인병 라벨 뒷부분을 잡는다.

레드와인 서비스 Red Wine Service

Sommelier Tasting

1. Cork가 있는 받침 접시 ^{Wine Saucer} 를 고객의 테이블 위에 갖다놓는다.

레드와인 서비스 Red Wine Service

2. Sommelier Tasting glass에 와인을 따라 시음한 후 와인의 이상 유무를 확인한다.

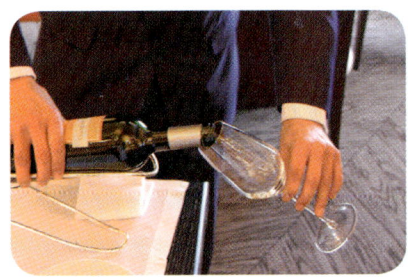 

3. 주문한 고객에게 Tasting을 권하게 되는데 이때 와인의 양은 와인글라스에 1/10 정도가 되도록 따른다.

4. 고객의 오른쪽에서 서비스를 하는데 고객이 Tasting한 후 OK라는 신호가 떨어지면 서비스한다.

레드와인 서비스 Red Wine Service

Wine Service

1. 항상 와인 레이블을 Showing하고 여성 먼저 서비스한 후 남성에게 서비스한다.
2. 왼손은 뒤로 하고 오른손으로 고객의 오른쪽에서 오른발을 반 보 앞으로 내밀고 서비스하며 시계도는 방향으로 서비스한다.
3. 와인글라스에 와인 3부 정도 되도록 따르고 와인 물방울이 떨어지지 않도록 와인병을 가볍게 돌리면서 마무리한다.

Keeping

와인 서비스가 끝나면 Side Table 위에 와인을 놓고 이때 고객이 라벨을 볼 수 있도록 고객이 있는 테이블로 라벨이 향하도록 한다.

Refill

고객이 와인을 드시고 나면 Side Table 위에 있는 레드와인을 White Cloth Napkin을 사용하여 고객에게 Refill Service를 한다.

레드와인 서비스 Red Wine Service

Wine service temperature

	Starting temperature	Starting service temperature in the glass
All sparkling wines and champagnes	5℃	7-9℃
White dry wines, Young and rose Palatable and sweet wines, and the ones produced from late vintage	7℃	9-11℃
Young red wines, Light and fully	8℃	10-12℃
Great strong white wines	8-10℃	10-12℃
Elegant red wines	10-12℃	12-14℃
Great strong red wines	12-13℃	14-15℃
Red tannic wines	15-17℃	18-20℃
Passito, oldliguorous wines, Vin Santo, Marasale, Sherry, Medeire (확인필요)	10-12℃	13-15℃

화이트와인 서비스 White Wine Service

Stage Set

Whitc Wine, White Wine glass, Sommelier Tasting Glass, Wine Cork Screw, Wine Saucer, Ice Bucket, Ice Cubes, White Cloth Napkin, Paper Napkin, Tray, Side Table

Process of ready

1. 고객이 주문한 White Wine을 Ice Bucket에 넣어서 Side Table이나 Ice Basket Stand에 준비한다.
2. Ice Bucket에는 Ice Cubes를 1/2 정도 넣고 물을 1/3을 정도 채운다.
3. 와인병은 고객이 라벨을 볼 수 있도록 Ice Bucket의 바깥쪽으로 눕힌 후 White Cloth Napkin으로 병목에 걸쳐놓는다. White Cloth Napkin은 3등분으로 접는다.

Presentation

1. White Cloth Napkin을 사용하여 Ice Bucket 안에 있는 와인을 꺼낸다.
2. Ice Bucket 안에서 꺼낸 와인병의 물기를 제거한 후 White Cloth Napkin을 사용하여 깨끗하게 닦아낸다.
3. 왼손에는 3등분으로 접은 White Cloth Napkin으로 와인병의 밑바닥을 감싸주고 오른손으로는 와인 병목을 가볍게 잡는다.

Plus Tip

화이트와인 서비스 제공 온도

- Dry White Wine : 8~10℃
- Semi Dry White Wine : 10~12℃
- Very Sweet White Wine : 6~8℃

화이트와인 서비스 White Wine Service

4. 약 45도에서는 60도 각도로 뉘인 후, 고객 앞으로 운반한다. 이때 라벨의 앞면이 보이도록 한다.
5. White Cloth Napkin에 얹어서 와인을 고객의 오른쪽 앞에서 오른발을 반 보 앞으로 하고 레이블을 고객의 정중앙으로 오게 한 다음 보여준다.
6. 국가명, 산지, 포도품종, 와인의 라벨, 빈티지(포도 수확연도) 순으로 설명한다.

Opening the bottle

1. White Cloth Napkin 위에 와인병을 올려놓는다. 이때 라벨은 고객이 볼 수 있도록 한다.
2. Wine Cap을 제거하는데 이때 병을 눕히거나 돌려서는 안 된다.
3. Wine Cap을 제거한 후 Paper Napkin으로 병마개 주위를 깨끗이 닦아내고 와인 캡슐과 사용한 Paper Napkin은 상의 오른쪽 주머니에 넣는다.
4. Cork의 중앙에 Wine Cork Screw를 삽입하고, 이때 나선형이 1 Step 정도 남도록 하며 손잡이는 5시 방향으로 오게 한다.
5. Wine Cork Screw를 사용하여 Cork를 제거한 후 냄새를 맡아 와인의 이상 여부를 확인하고 White Cloth Napkin으로 병목을 깨끗이 닦는다(이때 Cork Screw에 Cork가 박힌 채로 냄새를 맡는다).

> **Plus Tip**
>
> ### 와인 병을 손으로 잡는 법
>
> 왼손에는 흰 Napkin을 준비하여 와인병의 밑바닥이 놓이도록 하고 오른손으로는 와인 병목을 가볍게 잡고 운반한다. 이때 라벨이 보이도록 한다. 와인병 레이블 앞부분을 잡고 서비스한다. 또한 방법은 서비스하는 동안 고객이 라벨을 볼 수 있도록 와인 병 라벨 뒷부분을 잡는다.

화이트와인 서비스 White Wine Service

6. Open한 Cork를 Wine Saucer에 담아 고객의 우측에 놓는다.

Sommelier Tasting

1. Cork가 있는 받침 접시 Wine Saucer 를 고객의 테이블 위에 갖다 놓는다.
2. Sommelier Tasting glass에 와인을 따라 시음한 후 와인의 이상 유무를 확인한다.
3. 주문한 고객에게 Tasting을 권하게 되는데 이때 와인의 양은 와인글라스에 1/10 정도가 되도록 따른다.
4. 고객의 오른쪽에서 서비스를 하는데 고객이 Tasting한 후 OK라는 신호가 떨어지면 서비스한다.

Wine Service

1. 항상 와인 라벨을 Showing하고 여성 먼저 서비스한 후 남성에게 서비스한다.
2. 왼손은 뒤로 하고 오른손으로 고객의 오른쪽에서 오른발을 반 보 앞으로 내밀고 서비스하며 시계도는 방향으로 서비스한다.
3. 와인글라스에 와인 3부 정도 되도록 따르고 와인 물방울이 떨어지지 않도록 와인병을 가볍게 돌리면서 마무리한다.

Keeping

와인 서비스가 끝나면 Side Table 위에 와인을 놓고 이때 고객이 라벨을 볼 수 있도록 고객이 있는 테이블로 라벨이 향하도록 한다.

Refill

고객이 와인을 드시고 나면 Side Table 위에 있는 화이트와인을 White Cloth Napkin을 사용하여 고객에게 Refill Service를 한다.

스파클링와인 서비스 Sparkling Wine Service

Stage Set
Sparkling Wine (Champagne), Sparkling Wine (Champagne) glass, Sommelier Tasting Glass, Wine Cork Screw, Wine Saucer, Ice Bucket, Ice Cubes, White Cloth Napkin, Paper Napkin, Tray, Side Table

스파클링와인 서비스 Sparkling Wine Service

Process of ready

1. 고객이 주문한 Sparkling Wine Champagne 을 Ice Bucket에 넣어서 Side Table이나 Ice Basket Stand에 준비한다.
2. Ice Bucket에는 Ice Cubes를 1/2 정도 넣고 물을 1/3 정도 채운다.
3. 스파클링와인(샴페인) 병은 고객이 레이블을 볼 수 있도록 Ice Bucket의 바깥쪽으로 눕힌 후 2등분으로 접은 White Cloth Napkin으로 스파클링와인(샴페인) 병목에 걸쳐놓는다.

스파클링와인 서비스 Sparkling Wine Service

Presentation

1. 2등분으로 접은 White Cloth Napkin을 사용하여 Ice Bucket 안에 있는 스파클링와인(샴페인)을 꺼낸다.

2. Ice Bucket 안에서 꺼낸 스파클링와인병의 물기를 제거한 후 White Cloth Napkin을 사용하여 깨끗하게 닦아낸다.
3. 왼손에는 2등분으로 접은 White Cloth Napkin으로 스파클링와인병의 밑바닥을 감싸주고 오른손으로는 스파클링와인 병목을 가볍게 잡는다.
4. 약 45도에서는 60도 각도로 뉘인 후, 고객 앞으로 운반한다. 이때 라벨의 앞면이 보이도록 한다.

스파클링와인 서비스 Sparkling Wine Service

5. White Cloth Napkin에 얹어서 스파클링와인을 고객의 오른쪽 앞에서 오른 발을 반 보 앞으로 하고 라벨을 고객의 정중앙으로 오게 한 다음 보여준다.

6. 국가명, 산지, 포도품종, 와인의 라벨, 빈티지(포도 수확연도) 순으로 설명한다.

스파클링와인 서비스 Sparkling Wine Service

Opening the bottle

1. Ice Bucket에 스파클링와인을 다시 넣는데 이때 라벨은 고객이 볼 수 있도록 하고 White Cloth Napkin으로 스파클링와인 병목을 다시 감싸준다.

2. 왼손 엄지로 병마개를 누르면서 오른손으로 은박이나 금박의 포장지 윗부분을 조심스럽게 벗긴다. 벗긴 은박이나 금박의 포장지는 오른쪽 상의 주머니에 넣는다.

스파클링와인 서비스 Sparkling Wine Service

3. 왼손 엄지로 병마개를 계속 누르면서 오른손은 병목 부문의 띠를 잡아당겨 감겨진 와이어 네드 잠금쇠를 조심스럽게 풀어준다.
4. 왼손 엄지로 Cork의 윗부분을 누르면서 와이어 네트를 벗긴다.
5. 왼손으로 스파클링와인병을 꽉 잡고 오른손으로 Cork를 약간씩 좌우로 비틀면서 뺀다.

6. Cork를 제거한 후 냄새를 맡아 와인의 이상 여부를 확인하고, Paper Napkin으로 병목을 깨끗이 닦아내고 사용한 Paper Napkin은 상의 오른쪽 주머니에 넣는다.
7. Open한 Cork를 Wine Saucer에 담아 고객의 우측에 놓는다.

스파클링와인 서비스 Sparkling Wine Service

Sommelier Tasting

1. Cork가 있는 받침 접시 ^{Wine Saucer}를 고객의 테이블 위에 갖다놓는다.
2. Sommelier Tasting glass에 와인을 따라 시음한 후 와인의 이상 유무를 확인한다.

3. 주문한 고객에게 스파클링와인 Tasting을 권하게 되는데 이때 스파클링 와인의 양은 샴페인 글라스에 1/10 정도가 되도록 따른다.
4. 고객의 오른쪽에서 서비스를 하는데 고객이 Tasting한 후 OK라는 신호가 떨어지면 서비스한다.

스파클링와인 서비스 Sparkling Wine Service

Wine Service

1. 스파클링와인병의 물기를 2등분 접은 White Cloth Napkin으로 제거한다.
2. 오른손 엄지를 스파클링와인병 밑쪽 파인 곳 ^{Punt} 에 넣고 왼손에는 White Cloth Napkin을 받쳐 들고 서비스할 자세를 갖춘다.
3. 왼손은 뒤로 하고 오른손으로 고객의 오른쪽에서 오른발을 반 보 앞으로 내밀고 서비스하며 시계도는 방향으로 서비스한다.

4. 항상 스파클링와인 라벨을 Showing하고 여성 먼저 서비스한 후 남성에게 서비스한다.
5. 와인글라스에 와인이 7부 정도 되도록 따르고 와인 물방울이 떨어지지 않도록 와인병을 가볍게 돌리면서 마무리한다.

스파클링와인 서비스 Sparkling Wine Service

Keeping

스파클링와인 서비스가 끝나면 Ice Bucket 안에 스파클링(샴페인) 와인을 보관하는데 이때 고객이 라벨을 볼 수 있도록 Ice Bucket 바깥쪽으로 스파클링(샴페인) 와인병을 기대어 놓고 White Cloth Napkin을 병목에 걸어둔다.

Refill

고객이 와인을 드시고 나면 Ice Bucket 안에 스파클링(샴페인) 와인병의 젖은 물기를 닦아낸 후 White Cloth Napkin을 사용하여 고객에게 Refill Service를 한다.

디켄팅 서비스 Decanting Service

Stage Set
Red Wine, Paper Napkin, Bordeaux or Burgundy Glasses, Sommelier Glass, B&B plate, Wine Basket, White Napkin, Wine Cork Screw, Saucer, Candle, Decanter, Match, Ashtray

Process of ready
1. 고객이 주문한 Red Wine의 연도가 오래된 것이라면 디켄팅을 할 준비를 한다.
2. 고객이 주문한 Red Wine을 Wine Basket에 넣어서 운반한다.
3. Wine basket 안에는 Wine 방울이 떨어지는 것을 방지하기 위해서 흰색 Napkin을 깐다. 이때 와인의 라벨 방향이 고객을 향하도록 한다.

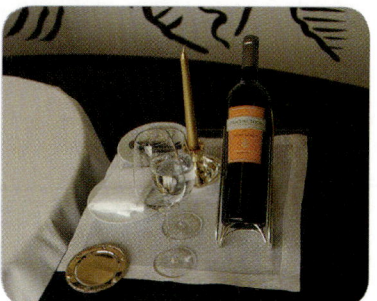

Presentation
고객에게 주문한 와인의 빈티지(포도 수확연도), 포도품종, 산지 등을 설명하고 고객의 오른쪽에서 보여준다.

디켄팅 서비스 Decanting Service

Decantation

1. 왼손에는 Decanter, 오른손에는 와인을 들고 약간의 와인을 Decanter에 따른다. 와인을 제자리에 놓고 두 손으로 Decanter를 흔든다.
2. Decanter를 Table 위에 놓고서 와인의 Capsule을 완전히 제거한다.

3. 촛불을 켠다.

디캔팅 서비스 Decanting Service

4. 와인병을 조심스럽게 오른손으로 잡고 왼손에는 Decanter를 잡는다.
5. 조심스럽게 와인을 디캔터에 따르는데 이때 와인병의 주둥이가 디캔터 중앙으로 오게 하며 와인 병목이 촛불 위로 오게 한다.

6. 와인찌꺼기가 디캔터 안으로 들어가지 않도록 하며 와인찌꺼기가 병목에 보이면 따르는 것을 중지한다.

디켄팅 서비스 Decanting Service

7. 디켄터는 제자리에 두고 와인병은 와인 라벨이 고객에게 보이도록 Set up 한다.

8. 촛불을 끄고 서비스한다.

디캔팅 서비스 Decanting Service

Tasting (2차)

1. Cork가 있는 Saucer를 고객의 Table 위에 갖다놓는다.

디켄팅 서비스 Decanting Service

2. Table 위에 있는 고객의 와인글라스를 왼손으로 Pick Up하여 오른손으로 디켄터를 잡고 와인글라스의 1/10 정도가 되도록 따른다. 이때 고객의 뒤에서 따른다.

3. 고객이 Tasting한 후 OK라는 신호가 떨어지면 서비스한다.

Service
디켄터를 오른손에 잡고 테이블 위에 있는 와인글라스를 왼손으로 Pick up하여 고객의 뒤에서 따르는데, 여성 먼저 서비스하고 남성에게 서비스한다.

Keeping
와인 서비스가 끝나면 Table에 디켄터를 갖다놓는다. 이때 와인의 라벨은 고객이 볼 수 있도록 하고, Candle은 치운다.

Refill
고객이 와인을 드시면 Refill 해드린다.

와인 보관 방법 Wine Storage in Restaurant and at Home

와인 보관 환경

와인을 보관하는 방법은 숙성에 영향을 미친다. 와인을 마실 수 있는 시기와 와인의 구성요소(산도, 타닌, 과일향기)가 성숙되고 통합되는 과정이 모든 보관 환경에 영향을 받는다. 일반적으로 와인이 비싸면 비쌀수록 올바른 보관 환경을 위한 노력을 많이 해야 한다. 와인은 살아 있는 유기물이므로 시간, 온도, 빛, 움직임에 따라 잘 변하는 성격을 가지고 있기 때문에 보관하는 환경이 매우 중요하다.

온도 Temperature | 일정한 온도는 와인보관의 가장 중요한 요소이다. 온도가 일정하고 선선해야 하며, 이상적인 온도는 10-15℃이다. 너무 강한 열을 쬐게 되면 와인이 상하게 된다. 와인의 온도가 너무 낮으면 숙성이 제대로 되지 않는데, 겨울에 와인이 얼어서도 와인을 죽이는 꼴이 된다. 또한 한번이라도 와인의 온도가 20℃ 이상 올라간 적이 있다면 그 와인은 오랜 기간 동안 숙성시키기에는 적절하지 못하다.

빛 Darkness | 와인 저장소는 직사광선에 노출되지 않고 어두울수록 좋다. 밝은 햇빛은 유리병을 통과하여, 와인의 성분에 영향을 미칠 수 있는데, 와인이 너무 빨리 숙성되어 식초로 변하거나 직사광선으로 라벨이 바래지게 된다.

진동/이동 Vibration | 와인 속의 찌꺼기가 떠오르는 것을 막고 코르크가 풀어지는 것을 방지하기 위해 최소화해야 한다. 특히 레드와인이나 샴페인 등을 손으로 운반 시나 테이블 서비스 시에 흔들리지 않게 조심스럽게 다루어야 한다. 특히, 와인이 흔들리지 않도록 저장소에는 진동이 없어야 하고 세탁기와 냉장고 근처에도 와인을 두지 않는다. 와인의 잦은 이동이나 흔들림은 좋지 않다.

와인 보관 방법 Wine Storage in Restaurant and at Home

습도 Humidity | 와인 보관에 이상적인 습도는 60-80%이다. 습도가 이보다 올라가면 와인 내부에는 상관이 없지만 겉에 곰팡이가 생겨서 와인의 외관에 문제가 생길 수 있다. 특히 습도가 너무 높으면 라벨과 상자가 변색되고, 코르크 바구미가 생겨, 코르크가 상하게 된다.

와인의 위치 | 와인을 며칠 이상 보관할 것이라면 병을 눕혀서 보관한다. 이렇게 하면 코르크가 촉촉하게 유지되어 와인의 산화가 방지된다. 코르크가 마르면 오그라들어 병입구에 틈이 생긴다. 이틈을 통해 공기와 박테리아가 병 안으로 들어가 와인을 상하게 만들 수도 있기 때문이다.

▶ 와인과는 달리 위스키, 진, 브랜디 등 기타 다른 알코올 종류는 세워서 보관한다. 알코올과 리큐르와인(쉐리 또는 포트)은 상대적으로 공기가 더운 높은 선반 위에 보관할 수 있다. 화이트와인과 같이 알코올 도수가 높지 않은 와인은 가장 낮은 선반에 놓고 그 위에 레드와인을 올려놓는다. 매장에서 진열을 할 때에는 직사광선에 노출되거나 온도차가 심한 곳에 보관하게 되는 경우도 있다. 따라서 3-4일 정도 일정한 간격으로 교체해주는 것이 바람직하다.

환기 Ventilation | 공기를 약간 환기시켜주면 와인의 맛에 영향을 미치는 묵은 냄새를 없앨 수 있다. 필요하다며 보관실에 환기 구멍을 내는 것이 좋다.

와인 보관 방법 Wine Storage in Restaurant and at Home

여러 가지 보관 방법

와인을 보관하려는 위치와 예산에 따라 여러 가지 방법을 택할 수 있다.

와인 랙 Wine Racks | 와인을 쉽고 간편하게 보관할 수 있는 와인 보관용 선반이다. 코르크가 건조해지지 않도록 병목방향으로 뉘어서 보관 및 진열할 수 있는 선반이다. 한 가지 유념해야 할 것은 그 장소가 어둡고 흔들리지 않는 곳이어야 한다.

냉장 장치 CAVE | 와인을 수집하기 위해서 조그만 방이나 작은 공간을 셀러 Cellar 로 만들어 보관하는 방법도 있다. 이럴 경우 일정한 온도를 유지하기 위해 단열시스템과 에어컨 설치 그리고 습도 유지 시스템을 갖춰야 하고 빛이 들어오지 않게 주변 창을 막아두는 게 좋다. 국내의 일반 주택에서 가장 이상적인 공간은 지하실을 개조하는 방법이 있다.

와인 랙(Wine Racks)

와인 보관 방법 Wine Storage in Restaurant and at Home

냉장 장치(CAVE)

와인 셀러 Wine Cellar | 거창한 와인저장고를 만들지 않고 저장할 수 있는 방법이다. Transtherm과 비슷한 와인 전용 셀러 Cellar 들이 많다.

- Multi-temperature system : 레드와인, 화이트와인별 특성에 맞게 온도를 조절 가능
- 자동습도 조절 기능 : 3가지 습도 조절 장치를 장착하여 와인 저장에 이상적인 60~70%의 습도를 일정하게 유지
- UV필터처리 : 이중으로 코팅된 자외선 차단 특수 유리를 사용하여 외부로부터 유입되는 빛을 차단해주고 내부 조명 또한 UV 필터로 처리되어 유해광선 차단
- 무진동 설계 : 예민한 와인 숙성과정에 알맞게 Silent Mode로 compressor가 작동하도록 설계
- Self control Rack system : 자유로운 선반의 위치이동과 각도조절이 가능할 수 있도록 설계

냉장 장치(CAVE)

chapter 3 | 와인 서비스 127

와인 보관 방법 Wine Storage in Restaurant and at Home

짧은 기간 보관하는 방법 Wine Saver-진공 와인 세이버 | 와인병을 따고 나서 다 마실 수 없을 경우에 와인을 그냥 두면 산화가 되어 버린다. 빨리 마셔버리는 것이 좋다. 만약에 다 마실 수 없다면 하루 정도는 코르크 마개로 잘 막아서 냉장고에 보관을 하고 3-7일 (와인에 따라 다름) 정도 보관해야 한다면 와인병 안의 공기를 빼내서 진공 상태로 보관해야 하는데 이를 위해 진공 펌프 역할을 하는 기구를 이용하여 공기를 빼고 냉장고에 보관하는 방법이 있다.

마시다 남은 와인을 진공상태에서 보관함으로써 와인의 산화속도를 현저히 줄여, 좀 더 오랜 기간 동안 와인을 보관할 수 있도록 도와준다.

Plus Tip

Wine Saver 사용방법

 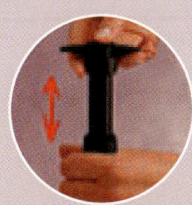  

1. 와인병에 마개 stopper 를 끼운다.
2. 마개 stopper 위에 펌프 pump 를 올려놓고, 펌프에서 경쾌한 딱딱 소리가 날 때까지 펌프를 상하로 움직인다(진공 마개를 끼운 와인은 세워서 보관한다).
3. 다시 오픈할 때는 마개 위의 볼록 튀어나온 부분을 손가락으로 눌러서 진공을 풀고 마개를 뽑는다.
4. 마개를 뽑지 않고 와인을 음용하려면 마개의 중간부분을 열어 와인을 따른 후 다시 막을 수 있다.

chapter 4

와인과 음식의 조화 Matching Wine and Food

- 와인과 음식(Wine & Food)
- 와인과 어울리는 음식(Food and Wine Pairing)
- 와인과 건강

와인과 음식 Wine & Food

와인과 음식의 조화 A New Look at Flavor

대부분의 와인은 음식과 조화를 이룬다. 원래 와인 스타일은 그 와인이 나오는 지방의 요리를 보완하고 빛내주기 위해 개발, 발전되었다. 와인과 음식의 훌륭한 조화를 찾으려면 먼저 그 지역의 와인과 음식부터 알아야 한다. 특정한 요리에 어울리는 와인이 단 한 가지만 있는 것은 아니지만, 어떤 와인은 특정 음식과 함께 마셨을 때 다른 와인에 비해 훨씬 잘 어울리는 경우가 있다. 최상의 음식과 조화를 이루기 위해서는 와인과 음식이 지니고 있는 기본 요소를 분석해야 한다. 이때 제일 중요한 점은 와인과 음식을 각각 시식해보고 균형이 맞는지 어느 한쪽의 맛이 다른 한쪽의 맛을 압도하지 않고 조화를 이루는지에 중점을 두어야 한다. 생산과 소비가 균형을 이루는 주요 와인 생산국에서 레드와인과 화이트와인의 생산 비중은 거의 절반에 가깝거나 대개는 화이트와인이 우세하다. 치즈를 포함한 많은 종류의 음식들이 실상은 레드보다 화이트와인에 훨씬 더 잘 어울리는 까닭이다. 레드와인에 들어 있는 타닌은 주로 붉은 육류의 질긴 단백질을 부드럽게 하는데 긍정적인 작용을 할 뿐이다. 반면, 화이트와인의 산은 생선의 비린내를 없애주고 음식의 기름기를 씻어주며 신맛이 나는 음식과도 함께 먹을 수 있다. 또한 당도가 높은 화이트와인의 경우에는, 두드러지는 신맛 때문에 드라이와인과는 함께 먹을 수 없는 단맛의 음식, 타닌이 든 와인을 쓰게 만드는 짠맛의 음식과도 좋은 조화를 보인다.

와인과 음식 Wine & Food

음식과 와인은 서로 맛을 보완해주거나, 함께 먹었을 때 각자의 맛을 더 잘 느끼도록 도와주는 관계여야 한다.

언뜻 느낌으로는 맛이 진한 음식에는 가벼운 와인맛이 연한 음식에는 진한 와인이 잘 어울릴 것으로 생각하기 쉬운데 사실은 그 정반대다. 한쪽이 강하면 다른 한쪽이 밋밋하게 느껴져서 그 맛을 잘 음미할 수 없기 때문이다. 대략 무난한 천연탄산의 스파클링와인과 로제도 있긴 하다. 이 와인들은 식전주로도 훌륭하고 한국 음식에도 두루 잘 어울린다. 가볍고 상큼한 드라이 화이트와인은 굴과 생선회에 레몬즙을 뿌린듯한 효과를 주며 특별히 드라이 로제와인은 채식주의자들의 식탁에도 즐거움을 줄 수 있다. 한편 높은 알코올은 미각을 마비시켜 둔하게 만들므로 섬세한 음식에는 맞지 않고 매운 음식과 함께 하면 입 안에 타는듯한 느낌을 남긴다. 오크에 숙성한 와인들은 스모키한 훈제 음식과 잘 어울리고 그릴에 구운 쓴맛을 지닌 음식들은 타닌이 있는 레드와인과 잘 어울린다. 또한 오크가 강한 신대륙 스타일의 와인들은 모든 바비큐 요리에 좋다.

와인과 음식 Wine & Food

고려해야 할 요소

와인의 바디 Body

음식과 와인의 매칭에 있어서도 와인의 바디는 중요하다. 주의할 것은 똑같은 음식이라도 어떻게 조리했는가에 따라 무게감 즉 바디 ^{body} 가 달라지므로 와인의 선택에서도 고려해야 할 요소는 음식과 와인의 무게감에 조화를 맞추는 것이다.

와인을 마시다 보면 '풀 바디 와인 $^{full\text{-}bodied\ wine}$'이라는 말을 자주 듣게 된다. 이는 입안에서 꽉 차는 듯한 묵직한 무게감과 풍부한 맛을 두고 하는 말이다. 풀 바디의 와인들은 포도 품종 자체가 지니고 있는 떫은 맛과 타닌의 영향을 받는다. 또 오크통의 영향을 받기도 하고 충분한 당분으로 인해 높아진 알코올, 산도, 글리세롤 ^{glycerol} 등과도 연관관계를 가진다. 참고로 풀 바디의 반대는 라이트 바디 $^{Light\text{-}bodied}$ 라고 하며, 그 중간을 미디엄 바디 $^{Medium\text{-}bodied}$ 라고 부른다.

풀 바디 와인은 대체적으로 가격대가 높은 편이고 장기간 숙성할 수 있는 잠재력을 지닌 와인들이다. 묵직한 풀 바디의 와인은 강한 맛과 향을 지닌 음식들이 더욱 잘 어울린다. 스테이크와 같은 육류, 풍부한 맛을 가지고 있는 치즈, 소스가 듬뿍 들어간 음식 등이 풀 바디 와인과 잘 어울린다.

레드와인의 경우 카베르네 소비뇽 $^{Cabernet\ Sauvignon}$ 품종을 주종으로 한 프랑스 보르도 와인이나 칠레 와인이다. 또 프랑스의 론 지방 와인이나 이탈리아의 바롤로 ^{Barolo} 나 바르바레스코 ^{Barbaresco} 등도 풀 바디를 느낄 수 있는 와인들이다.

화이트와인의 경우, 오크통 숙성을 한 샤르도네이 ^{Chardonnary} 라든가 늦게 수확한 달콤한 디저트와인이 풀 바디 와인이다.

가벼운 느낌의 라이트 바디 와인은 가벼운 스타일의 음식과 어울린다. 예를 들어 담백하게 구운 닭 가슴살이나 생선구이라면 포도주 중에서도 바디가 가볍고 드라이한 리즐링 ^{Riesling}, 피노 그리 $^{Pinot\ Gris}$, 소비뇽 블랑 $^{Sauvignon\ Blanc}$ 같은 것이 잘 어울릴 것이다. 가벼운 샐러드, 생선회, 한식 등과 어울리는 경향이 있다. 라이트 바디의

와인과 음식 Wine & Food

대표적 화이트와인인 소비뇽 블랑 Sauvignon Blanc 과 비교해보면 좋다. 레드와인의 경우, 가장 가벼운 스타일의 라이트 바디 와인이라면 11월 세 번째 목요일에 출시되는 보졸레 누보 Beaujolais Nouveau 가 좋은 예다.

당도, 산도, 타닌, 와인의 풍미와 조화 Sweetness, Acidity, Tannin, Flavor

와인이 지니고 있는 과일의 특성이나 풍미가 당도와 산도, 타닌과 어떤 조화를 이루는지 체크하는 것도 음식을 선택하는데 도움을 준다.

당도 Sweetness | 드라이 와인은 단맛이 나는 음식과 곁들였을 때, 아주 산도가 강한 시큼한 맛이 난다. 단맛의 음식은 비슷한 당도 혹은 그 이상의 당도를 지닌 와인과 함께해야 한다. 즉, 음식이 달면 달수록 와인의 맛도 달아야 한다. 특히 보트리티스 Botrytis 영향으로 늦게 수확한 와인과 달콤한 뮈스까데 Muscat 품종의 와인은 가장 이상적인 디저트 와인이다.

와인의 당도는 블루치즈에서 느껴지는 아주 짠맛과도 균형이 맞는데 영국의 대표적인 블루치즈인 스틸턴 Stilton 과 포트와인 Poret Wine 은 전형적인 조화를 이루는 예이다.

와인과 음식 Wine & Food

산도 Acidity | 입에 침이 고일만큼 강한 산도를 지닌 와인은 토마토의 풍미와 같이 신맛이 도는 음식과 매치를 이룬다. 따라서 산도가 뛰어난 이탈리아 와인들은 그 지역의 토마토나 올리브 오일을 넣고 요리한 음식들과 아주 잘 어울린다.

높은 산도의 와인의 기름진 음식과도 조화를 이루는데 와인의 신맛이 음식의 진한 기름기를 감소시켜주기 때문이다. 만약에 이때 부드러운 와인을 마신다면(기름기 때문에) 와인 맛이 밋밋하게 느껴질 수도 있다. 알맞은 산도를 지닌 풍부하고 스위트한 와인들은 진하고 기름진 음식과 환상적인 조화를 이룬다. 그것이 소떼른 Sauternes 과 푸아그라(Foie Gras 거위간 요리)가 잘 어울리는 예이다. 이 경우 와인과 음식 모두 비슷한 무게감을 지니고 있기 때문에 와인이 지닌 산도가 음식의 기름진 맛을 감소시키는 것이다. 간혹 샐러드랑 와인이 잘 맞지 않는다는 말을 들어 보았을 것이다. 이는 샐러드드레싱의 신맛이 와인의 산도에 비해서 강해 와인의 맛이 밋밋하고 퍼진 듯이 느껴지기 때문이다. 샐러드를 먹을 때는 프랑스산 리슬링 Riesling 와인이나 샴페인 브뤼 Brut 와 함께 하면 좋을 것이다. 상세르 Sancerre 지방의 산미가 좋은 레드와인이나 이탈리아 화이트와인 중 소아베 Soave 같은 와인들도 산미가 좋고 향이 연해서 샐러드나 아페리티프 와인으로 적당하다.

타닌 Tannin | 와인의 타닌은 단백질과 만나면 변화를 일으킨다. 즉, 타닌은 붉은색 고기와 같이 단백질 함유량이 높은 음식을 입안에서 부드럽게 느끼게 해준다. 이

와인과 음식 Wine & Food

때문에 까베르네 소비뇽 Cabernet Sauvignon 이나 시라 Syrah 같은 타닌이 풍부한 포도품종으로 만든 와인은 로스트 Roast 한 고기나 고기스튜와 잘 어울린다.

보졸레 Beaujolais 와 바르돌리노 Bardolino 같이 부드러운 타닌을 지닌 가벼운 레드와인은 하얀 육질의 고기와 가벼운 음식들을 잘 보완해준다. 음식 없이 와인만 마셔도 좋다. 타닌과 기름진 생선의 조화는 불쾌한 메탈 느낌의 맛을 초래하기 때문에 레드와인과 생선의 매칭을 피하라는 것이 일반적인 상식이다. 타닌 성분이 낮은 레드와인은 참치 같은 육질의 생선과는 훌륭한 조화를 이룬다. 또한 타닌을 많이 함유한 와인은 짭짤한 음식과 함께 마시면 쓴맛을 낸다.

와인의 풍미와 과일향의 특성 Flavor | 와인이 가지고 있는 풍미와 과일의 특성으로 어울리는 음식을 알아 볼 수 있다.

훈제음식은 오크통 숙성을 거친 와인과 어울리는데, 훈제향이 강하면 강할수록 오크향도 강해져야 한다. 와인이 지닌 향의 강도는 와인의 특성보다 더 중요한 요소이기 때문에, 향이 진한 와인은 향이 강한 음식과 매칭되어야 한다.

뮈스까데 Muscat 나 소아베 Soave 는 더욱 중성적인 느낌이 나므로 해산물 같은 섬세한 풍미의 음식과 잘 어울리고, 이보다 더 강한 풍미의 음식에는 압도당할 수 있다.

와인과 음식 Wine & Food

▶ 뮈스까데 Muscat 포도품종으로 만들어 포도향이나 꽃향이 강한 와인은 과일과 조화를 이룬다.
▶ 게뷔르츠트라미너 Gewurztraminer 같은 스파이시한 와인은 스파이시한 음식과 어울린다.

와인의 색과 조리법, 소스

음식의 색깔과 와인의 색깔 또 음식의 맛과 와인의 맛은 비례한다고 보아도 좋다. 즉 맛, 색, 질감이 서로 비슷한 것끼리 좋은 매치를 이룬다는 말이다.

음식의 색깔이 연하면 색이 연한 와인과 어울리고, 음식의 색이 진할수록 진한 색깔의 와인과 어울린다. 그와 비슷한 원리로 맛(양념)이 순한 음식은 연한 맛의 와인, 맛(양념)이 강한 음식은 진한 맛의 와인과 잘 맞는다. 우선 붉은 색을 지닌 생선은 종종 타닌이 약한 레드와인과 잘 어울리고 육고기지만 흰살 성질을 지닌 닭고기나 돼지고기에는 묵직한 화이트와인이 더 나은 결과를 낸다. 단, 로스트 Roast 해 갈색을 띠는 경우에는 레드 와인이 더 잘 맞는다. 음식의 두드러진 요소, 소스의 특정 재료가 두드러지게 드러난다면, 그것과 어울리는 적합한 와인을 선별하는 것이 고려 조건이다. 음식에 소스로 사용된 와인을 함께 마시는 것도 좋으며 버터 소스나 치즈 소스에는 오크 숙성해 부드러우면서도 상큼한 화이트와인이 제격이고 기름지고 새콤달콤한 소스의 중국 음식과 향이 강하고 매콤한 맛을 지닌 아시안 푸드에는 달콤한 아로마가 그윽한 게뷔르츠트라미너 Gewurztraminer 가 최상이다.

와인과 어울리는 음식 Food and Wine Pairing

레드와인과 어울리는 음식

- **보졸레** Beaujolais
  진한 소스의 생선요리, 가벼운 쇠고기 요리, 로스트 치킨, 야채 라쟈냐 등

- **리오하** Rioja
  쇠고기, 칠리소스의 요리, 체다를 비롯한 하드타입 치즈

- **키안티** Chianti
  레드 와인 소스로 만든 스테이크

- **피노 누아** Pinot noir–California
  로스트 비프, 미트 로프, 케밥 등

- **꼬뜨 뒤 론** Cotes du Rhone
  양고기, 버섯을 곁들인 쇠고기 요리, 미트 라쟈냐 등

- **부르고뉴** Bourgogne
  로스트 비프, 스테이크, 진한 소스의 요리

와인과 어울리는 음식 Food and Wine Pairing

- **메를로** Merlo
  불고기, 갈비찜 등 소스가 진한 육류 요리

- **보르도 레드** Bordeaux Red
  전통적인 서양식 조리법으로 요리된 육류 요리

- **진판델** Zinfandel
  한식 혹은 동남 아시아 스타일의 향신료가 많이 들어간 육류 요리

- **까베르네 소비뇽** Cabernet Sauvignon-New World Style
  양고기, 쇠고기, 돼지고기 요리

- **슈퍼 투스칸** Super Tuscan
  바비큐 립스, 파르미지아노, 체다 치즈

와인과 어울리는 음식 Food and Wine Pairing

화이트와인과 어울리는 음식

- **피노 그리** Pinot Gris

  아시안 스타일의 소스로 요리한 해산물, 국수 요리

- **리슬링** Riesling

  해산물, 구운 생선, 가벼운 소스로 요리된 닭, 크림 소스와 해산물이 가미된 파스타, 아시안 스타일의 국수 마콩 해산물, 구운 생선, 가벼운 소스로 요리된 닭, 크림소스와 해산물이 가미된 파스타, 아시안 스타일의 국수

- **화이트 진판델** White Zinfandel

  가볍게 구운 생선요리, 아시안 스타일의 국수, 그린 샐러드

- **상세르-푸이퓌메** Sancerre-Pouilly Fume

  케이준 스타일 새우 요리, 해산물 리조토, 갖가지 소스의 파스타, 파스타 샐러드

- **샤블리** Chablis

  게를 비롯한 해산물 요리, 케이준 스타일 새우, 가벼운 소스, 페스토 소스 파스타, 해산물 리조토, 브뤼를 비롯한 세미 소프트 치즈, 야채 요리

와인과 어울리는 음식 Food and Wine Pairing

- **소비뇽 블랑** Sauvignon Blanc

  바닷가재를 비롯한 해산물, 생선, 돼지고기, 햄, 스파이시 소세지, 닭고기 칠면조, 오일소스, 화이트크림, 토마토, 페스토, 프리마베라 파스타 스위스, 고다 에담과 같은 중간 정도의 경성을 가진 치즈

- **샴페인, 스파클링 와인** Champagne, Sparkling Wine

  바닷가재를 비롯한 해산물, 각종 파스타, 햄, 샐러드, 오르되브르

- **화이트 론** White Rhone

  약간 무거운 소스로 요리한 생선과 해산물, 북경식 오리 구이, 닭요리, 야채스튜

- **화이트 보르도** White Bordeaux

  소스가 진한 생선, 해산물 요리, 파스타, 치즈, 생선, 해산물 요리, 각종 야채 요리

- **게부르츠트라미너** Gewurztraminer

  샐러드, 생선구이, 야채, 야채퓌레 등

와인과 건강

의학의 아버지라 불리는 히포크라테스는 와인에 물과 향료를 섞어서 두통, 소화장애, 해열작용 등의 질병을 치료했다. 또한, "알맞은 시간에 적당한 양의 와인을 마시면 질병을 예방하고 건강을 유지할 수 있다"고 예찬했고, 플라톤은 "포도주를 노인에게 처방하라"고 권했다. 또한, '생명의 물'로도 불려왔는데, 일사병으로 쓰러지거나 기절했을 때 와인을 한 모금 입에 넣어주면 빨리 깨어났기 때문이다.

프렌치 패러독스 French Paradox

전 세계적으로 와인 붐을 일으킨 용어로 1991년 미국 CBS 시사프로에서 의학적 효용을 발표하면서 비롯됐는데 프랑스 사람들이 육류, 버터 등 지방 섭취량이 미국인보다 적지 않고 콜레스테롤 수치도 비슷한데 유독 심장병 사망률이 크게 떨어지는 비결은 프랑스인들이 매일 식사시간에 즐기는 레드와인에 있었다고 밝혀졌기 때문이다.

프랑스인들은 식사 중에 물을 마시는 사람을 보고는 "개구리가 아니면 미국사람이다" 하면서 놀린다. 그들은 식사를 하기 전에 물이 아니라, 와인을 한잔 마시는 것으로 시작해서 식사 중에는 물론 식사가 끝난 후에도 디저트와인을 마신다. 와인으로 시작해서 와인으로 끝내는 것이 상식으로 되어 있는 만큼 프랑스인들은 와인을 곁들이지 않은 식사를 '태양이 없는 하루'로 비유하기도 한다. 프랑스에서는 레드와인을 아예 '노인의 우유'라고 부르기도 한다.

와인과 건강

항산화제 '폴리페놀' Polyphenol

와인의 성분 중에서도 특히 다량의 폴리페놀 성분은 프렌치 페러독스 French Paradox 를 푸는 열쇠로 작용한다. 폴리페놀 Polyphenol 성분은 포도의 껍질이나 씨에 주로 들어 있으며 타닌 Tannin, 안토시아닌 Anthocyanin, 카테킨 Catechin, 에피카테킨 Epigallocatechin, 케르세틴 Quercetin 등의 물질을 함유하고 있다.

사람의 몸속에는 각종 지방질을 산화시켜 세포의 노화와 손상을 초래하는 활성산소가 있다. 활성산소는 신체가 에너지를 사용할 때 부산물로 내놓은 유독물질로, 온몸을 돌며 마치 쇠를 녹슬게 하는 것처럼 우리 몸을 녹슬게 한다.

그런데 안토시아닌 Anthocyanin, 케르세틴 Quercetin, 에피카테킨 Epigallocatechin, 카테킨 Catechin, 타닌 Tannin 등의 폴리페놀 물질은 산화방지제 역할을 한다. 무엇보다 심장혈관에 좋은 작용을 하며 동맥경화의 원인인 콜레스테롤의 산화도를 억제해 심장질환 발병의 위험을 낮춰주는 것으로 밝혀졌다. 바로 이 이유 때문에 프랑스인들이 포화지방 섭취량이나 혈청 내 콜레스테롤 농도가 영국인이나 미국인과 비슷하면서도 심장질환을 덜 앓게 된다는 것이다. 폴리페놀은 바이러스에도 효과적이어서 감기 바이러스 등에 강한 신체를 만들어 준다.

폴리페놀은 레드와인에는 1리터당 1~3g, 화이트와인에는 1리터당 0.2g이 각각 들어있다. 심장질환을 생각한다면 화이트와인보다 레드와인이 더 유리하다. 심장질환 예방을 위해서는 매일 식사 때 반주로 꾸준히 마시는 것이 좋다.

와인과 건강

장수물질 '레스베라트롤' Resveratrol

'신선한 포도 및 포도과즙의 발효제품'으로 정의되는 와인에는 레스베라트롤 Resveratrol 이라는 화학물질도 들어 있다. 이는 항산화물질인 폴리페놀 계열에 속하는 물질로 땅콩 등 식물식품에 들어 있으며, 생물의 수명을 연장시키는 기능을 가지고 있다. 미국 하버드대학 의과대학 병리학 교수인 데이비드 싱클레어 박사가 영국의 과학전문지인 네이쳐 Nature 에 발표한 연구보고서에 따르면 "레스베라트롤 Resveratrol 은 단세포 생물인 효모의 수명을 70% 연장시키며 벌레 같은 다세포 동물과 인간의 생명도 연장시키는 효과가 있을 것으로 생각된다"고 했다. 시험관 실험결과 레스베라트롤이 생명체의 노화를 지연시키는 것으로 알려진 '시르투인 효소'의 생산을 증가시켰다고 한다. 레스베라트롤 Resveratrol 은 심장병 위험을 감소시킬 뿐만 아니라, 암을 차단하는 효과가 있는 것으로 알려져 현대의 불로장생약으로 의학계의 주목을 받고 있다.

와인과 건강

알칼리 Alkali

  와인은 물 한 방울 안 섞인 포도즙 100%의 자연 음료라는데 매력이 있다. 당분, 비타민, 각종 미네랄, 타닌 등 300여 가지 영양소가 함유된 '천연 영양제'인 셈이다. 또한 대부분의 술이 산성인데 비해 무기질이 풍부, 유일한 알칼리성 술이다. 한가지 더 주목할 점은 그간 항산화제 역할을 했던 비타민 C나 비타민 E보다 와인 속의 항산화제가 더 효과가 있다는 점이다. 이에 따라 심장질환뿐 아니라 산화적 손상으로 생기는 파킨슨씨병, 치매, 류머티즘 등 노인의 퇴행성 질환에 좋다. 또 인슐린이 나오기 전 1,600년 전부터 당뇨병 치료제로 쓰였다. 하루 2~4잔을 마시면 당뇨병 위험도가 40% 낮아진다고 한다. 독일의 경우는 100년 전부터 초 저칼로리 '당뇨병 환자용 와인'을 판매하고 있다. 진정, 항우울작용 등 정신건강에 이로운 점도 빼놓을 수 없다. 특히 부르고뉴 Bourgogne 산 피노 누아 Pinot Noir 품종이 보르도 Bordeaux 와인보다 진정작용이 더 강하다.

와인과 건강

레드와인 vs. 화이트와인 Red Wine vs. White Wine

건강에는 술을 안 마시는 것보다는 적당히 마시는 것이 좋고, 술이라면 와인이 더 좋고, 와인 중에서는 레드와인이 더 좋다고 과학자들은 입을 모은다. 국내의 연구 결과는 보더라도, 적포도주는 백포도주에 비해 페놀 화합물의 양이 4~5배나 된다. 그러나 유감스럽게도 순수한 국산 포도로 만든 포도주는 페놀 화합물의 양이 외국산 석포도주의 1/2~1/3 수준이다. 이는 포도품종과 일조량이나 강우량 등 기후조건이 다르기 때문이다. 적포도주와 백포도주의 항산화작용을 비교해보면, 백포도주는 페놀 화합물의 농도가 낮은 상태에서도 항산화작용이 적포도주보다 더 강하게 나타난다. 한 연구에서 산화를 50% 저지하는 페놀 화합물의 농도를 측정하였는데, 백포도주의 페놀 화합물이 낮은 농도에서 항산화작용이 우수하게 나타났다. 그렇지만, 이것은 적포도주와 백포도주의 페놀 화합물의 농도를 동일하게 해놓고 실험한 것으로, 실험상 이론적인 데이터에 불과하다. 그러니까 동일한 항산화작용을 하는 데는 백포도주는 적은 양으로도 그 효과를 볼 수 있지만, 적포도주와 백포도주 같은 양을 놓고 항산화작용을 비교해보면 페놀 화합물의 양이 압도적으로 많은 적포도주의 효과가 훨씬 더 강하다는 말이다. 술에 약한 사람은 적포도주 한잔으로 나오는 효과를 백포도주 반잔으로 동일한 효과를 볼 수 있다는 말이 된다

이는 적포도주의 색소를 이루는 페놀 화합물인 안토시아닌 Anthocyanin, 중합된 타닌 Tannin 이 상대적으로 항산화작용이 약하기 때문에 이런 현상이 나타나는 것으로 보고 있다. 적포도주와 백포도주의 페놀 화합물에 대한 이러한 차이 때문에 백포도주의 항산화력 또한 우수하다는 주장도 타탕성은 있다. 특히 백포도주를 주로 생산하는 독일에서는 백포도주가 인체에 미치는 긍정적인 효과는 적포도주 수준과 동일하거나 이를 능가한다고 주장하고 있다.

와인과 건강

 그러나 여러 연구결과를 보면 역시 적포도주가 백포도주에 비하여 항산화작용이 강한 것으로 나오고 있다. 적포도주와 백포도주의 항산화력은 이런 식으로 차이가 나지만, 어떤 포도주든지 비타민 C나 E보다는 훨씬 항산화작용이 우수하다는 것은 분명하다.

와인의 부작용

 와인은 항암효과, 고혈압, 비만억제 치매예방, 노인의 퇴행성 질환, 류머티즘 등 거의 모든 질병의 치료와 예방에 효과가 있다. 그렇지만 건강에 좋다고 마신 와인이 오히려 지나친 알코올 섭취를 조장하여 건강에 심각한 문제를 야기할 수 있다. 의약품이 부족한 시절에는 술이 대체 의약품 역할을 할 수 있지만 의약품이 풍부한 오늘날에는 의약품으로서의 술의 가치는 미미하다. 그리고 성인 다섯 명 중 한명 꼴로 알코올 유사 중독 증세를 보이고 있는 우리나라에서 술을 의약품으로 간주하는 것은 위험하다. 건강에 좋다고 마신 와인으로 인해 오히려 알코올 중독, 심장병, 고혈압이 생기고, 발기부진, 골다공증, 발암 위험성이 높아질 수 있다.
 와인의 산화를 방지하기 위해 첨가하는 아황산염은 천식, 편두통, 소화불량을 야기하기도 한다.

와인과 건강

와인의 효능

심혈관 질환 예방 | 레드 와인의 HDL은 동맥의 나쁜 콜레스테롤을 없애주어 혈전과 동맥경화를 예방하고, 레스베라트롤이라는 항균 물질이 혈청 콜레스테롤을 낮춰주는 등 혈관 확장제 역할을 하기 때문에 협심증, 동맥경화, 뇌경색, 뇌졸중 등과 같은 심혈관 질환을 예방할 수 있다.

고혈압 HDL: High Density Lipoprotein | 와인은 고혈압에 좋다. 다만 고혈압을 치료할 수 있는 것이 아니라 예방에 좋다는 것이다.

소화력 증진 | 위장액 분비를 도와 소화를 촉진하며, 또한 뛰어난 살균 작용으로 박테리아, 장티푸스, 콜레라를 예방한다.

살균작용 | 타닌과 알코올 등의 성분이 살균작용을 하기 때문에 생선회나 조개류 등 익히지 않는 요리를 먹을 때 와인을 곁들이면 식중독을 예방할 수 있고 외지를 여행할 때 생길 수 있는 물갈이 증상이나 콜레라 등 전염병이 있을 때 와인을 마시면 효과가 좋다.

면역력 증강 | 뛰어난 항산화 능력을 자랑하는 와인의 폴리페놀은 감기 바이러스 등을 이겨내는 면역력을 좋게 한다. 감기에 걸렸을 때는 레드와인을 끓어오를 때까지 데워 계피와 얇은 레몬 조각을 넣은 후 설탕을 조금씩 가미해가면서 마시면 몸이 따뜻해지면서 감기치료에 효과가 있다고 한다.

항암 효과 | 항암 성분인 케르세틴 Quercetin 과 갈산 Gallic acid 성분이 있다

와인과 건강

노화방지 | 적당한 양의 와인을 마시게 되면 와인 속의 미네랄 붕소가 나이 든 여성에게 칼슘의 흡수를 도와주고 에스트로겐^{Estrogen} 호르몬을 유지하게 만든다.

변비 개선 | 젖산균과 글리세린은 소화불량과 변비에 좋고, 포도당과 과당은 장의 소화흡수를 촉진시켜준다.

스트레스, 피로 진정 작용 | 진정제 성분이 있기 때문에 각종 질환의 원인이 되는 것으로 밝혀지고 있는 스트레스와 피로를 없애주는 역할을 한다.

와인을 올바르게 마시는 방법

남자의 경우 하루 2~3잔(300㎖ 이하), 여자의 경우 1~2잔 정도가 적정 음주량이다. 적정량의 와인을 규칙적으로 마시면 건강에 도움이 되지만, 그 이상은 건강을 해칠 수도 있다. 와인은 건강을 위해 마시는 술이 아니므로 와인 자체를 즐겨야 한다.

chapter 5

부록 Appendix

- 와인용어 정리
- 와인 Tasting 표현 용어정리

와인용어 정리

AC/AOC (Appellation controlee-AC/AOC)
프랑스 정부에서 규정한 와인의 특정지역, 생산자에 따른 와인의 품질 규정이다.

Acidity | 산도
와인이나 음식에서 느끼는 시큼한 맛. 주로 포도가 주는 산도는 능금산이고 풍부한 능금산으로 섬세한 와인을 만드는 데에 많은 기여를 한다.

Aftertaste | 에프터 테이스트
와인을 한 모금 마시고 나서 입안에 남아있는 맛의 느낌으로 와인 테이스팅 때 추가적으로 느껴지는 와인의 특질이나 결점을 감지할 수 있어 중요하다.

Aging | 숙성
최상의 와인으로 완성하기 위해 어떤 특정한 환경 속에서 와인을 보관하는 것을 말한다. 레드와인의 경우에는 주로 오랜기간 동안 오크통에서 와인을 숙성시키며 화이트와인이든 레드와인이든 좀 더 복잡미묘한 맛을 발달시키기 위해 병 속에서 숙성시키는 경우가 많다.

Aleatico | 알레아티코
주로 달콤한 디저트와인으로 많이 사용되는 포도품종으로 무스캇^{Muscat} 포도품종과 같은 향이 있다. 이탈리아노산 비노.

Aligote | 알리고떼
화이트와인 포도품종으로 많은 나라에서 다양한 블랜딩에 사용되고 있다. 특히 프랑스 버건디 지역에서 생산되는 과일맛이 강하고 가벼운 성격의 와인으로 잘 알려져 있다.

Angelica | 안젤리카
달콤한 디저트와인이다. 주로 호박색이고 독특한 향이 별로 없다. 캘리포니아에서는 종종 와인을 만들다 남은 모든 포도들을 모아서 만들게 된다. 역사적으로는 교회 성찬식에 팔렸던 와인이다.

Aperitif wine | 아페리티프 와인
식전에 마시는 와인.

Appellation | 아펠라시용
특정 포도가 재배되는 포도원의 위치를 세분화한 명칭으로 라벨에 표기된다.

Aroma | 아로마
포도의 원산지에 따라 맡을 수 있는 와인의 냄새 혹은 향기를 의미한다. 또 다른 말로 "부케^{bouquet}"라고 하는 경우에는 와인의 제조 처리과정이나 숙성 방식에 따른 향기를 의미한다.

Astringency | 수렴성
와인에 있는 타닌에 의해 느껴지는 맛의 감각을 의미하는데 주로 표현되는 말로는 입안에서 쓰다 혹은 떫다라는 표현을 많이 쓴다.

와인용어 정리

Auslese | 아우스레제
독일 말로 "선택된"이란 의미이다. 독일 와인 법규에서 아우스레제는 잘 익은 포도송이만을 골라서 만들어진 와인이라는 특별한 의미가 있다.

Bacchus | 바커스
로마시대의 와인의 신. 로마시대 이전의 그리스의 와인의 신이었던 디오니소스 ^{Dionysus} 와 다르다.

Balance | 발란스
와인 평가를 할 때 사용되는 용어이다. 산도, 당분, 타닌, 알코올 도수와 향이 좋은 조화를 이루는 맛을 느낄 때 발란스가 있다고 말한다.

Barbera | 바베라
주로 이태리의 피에몬떼 ^{Piedmont} 지역에서 생산되는 것으로 잘 알려진 적포도주 품종.

Beerenauslese | 베렌아우스레제
독일 말을 그대로 풀어쓰면 "선택된 열매"라는 뜻이다. 베렌아우스레제는 포도 송이째 골라 따기보다는 좋은 포도알을 각각 골라 딴 포도로 와인을 만든다. 최상의 와인을 만들기에 많은 노력이 들어간다. 그래서 이 와인의 가격은 저렴할 수가 없다.

Berry | 베리
포도 알 낱개.

Blanc de Blancs | 블랑 드 블랑
이 용어는 주로 프랑스 와인 라벨에 많이 사용되는데 청포도 품종으로 만든 화이트와인을 뜻한다. 즉 거의 대부분의 화이트와인 "Blanc de Blancs" 라 쓰여 있는 경우가 많다. 실질적으로 샴페인과 많이 관련되어 있는데 대부분의 샴페인은 적포도(피노누아와 피노 메뉴어)와 청포도 품종(주로 샤도네)을 섞어서 만들어지는데 Blanc de Blancs 샴페인은 순수하게 샤도네(청포도)만을 사용한다.

Blanc de Noir | 블랑 드 누아
적포도(피노누아 $^{Pinot\ Noir}$ 혹은 피노뫼니에 $^{Pinot\ Meunier}$) 품종으로 화이트와인을 만드는 샴페인을 주로 말한다.

Blending | 블랜딩
2가지 이상의 포도 품종들을 혼합하는 것을 말한다. 조화로운 블랜딩은 와인의 특징을 이상적으로 향상시킨다.

Body | 바디
맛의 점성도, 진한 정도와 농도 혹은 질감의 정도를 표현하는 와인 테이스팅 용어이다. 바디가 있는 와인은 주로 알코올이나 당분이 좀 더 높은 편이다.

와인용어 정리

Botrytis Cinerea | 보트리티스 시네리아
어떤 특정한 기후 환경 속에서 포도가 무르익을 때 포도껍질에 생성되는 일종의 곰팡이로 포도에 좋은 영향을 주어 훌륭한 디저트와인을 만들기에 노블롯(귀부병) noble rot 이라 불린다.

Bouquet | 부케
주로 와인 생산과정이나 숙성과정에 의해 생기는 와인의 냄새 혹은 향기를 말한다.

Brandy | 브랜디
저알코올 주류를 증류하여 만든 술.

Brut | 브뤼
프랑스 용어로 가장 드라이(가장 달지 않은)한 샴페인.

Cabernet Sauvignon | 까베르네 소비뇽
레드와인 포도품종으로 전 세계적으로 가장 많이 재배되는 품종 중 하나이다. 4개의 특징으로 쉽게 구분이 되는데, 작은 포도알, 깊은 어두운 색, 두꺼운 껍질, 많은 씨앗이 특징이다.

Carbonic Maceration | 탄소 메서레이션
포도알 전체를 으깨지 않고 발효하는 과정을 말한다. 이 과정은 주로 가볍고 포도의 성격이 강한 와인일 경우 병 속에서 숙성시키지 않고 빨리 마셔버리는 와인에 많이 사용된다. 주로 프랑스지역의 보졸레 누보를 생산할 때 많이 쓰이는 제조 방식이다.

Catawba | 카토바
미국 동부 지역에서 대체적으로 생산되는 혼성포도 품종이다. 주로 발포성 와인, 로제와인 혹은 과일 성향이 강한 화이트와인을 만들 때 사용된다.

Chablis | 샤블리
미국에서 일상적인 화이트 테이블 와인들을 말할 때 쓰이는 총칭.

Chablis | 샤블리
프랑스 중부근처에 있는 마을의 이름으로 프랑스 중부에 있는 와인 생산 지역으로 아펠라시옹(appellation 명칭)의 규정에 따라 100% 샤도네 포도품종만 생산된다.

Champagne | 샴페인
프랑스 샹빠뉴 Champagne 지역에서 생산되는 발포성 와인.

Character | 캐릭터
맛의 스타일을 이야기하는 와인 테이스팅 용어.

Chardonnay | 샤도네
전 세계에서 가장 훌륭한 화이트와인 포도 품종. 샤도네 품종으로 전 세계적으로 가장 많은 훌륭한 화이트와인, 샴페인과 같은 발포성 와인을 생산한다.

와인용어 정리

Chateau | 샤또
원래 프랑스 어로 "성 Castle"이라는 뜻이다. 보르도에서는 "포도원/제조원"이라는 용어로 주로 사용된다. 실제로 예전에는 성에서 주로 포도주가 생산이 되었다.

Chenin Blanc | 쉐냉블랑
전 세계적으로 널리 재배되고 있는 화이트 포도품종이다.

Chianti | 끼안띠
중간 바디 Medium body 에서 풀 바디 Full body 테이블 레드와인으로 이태리 토스카나 지역에서 생산되는 와인이다. 끼안띠는 블랜딩을 하는 와인이지만 사용되는 주 포도품종은 산지오베제 Sangiovese 이다.

Clarity | 투명성
와인을 평가할 때 와인에 침전물이나 뿌연 느낌이 없이 투명한 경우에 사용되는 용어이다.

Cognac | 꼬냑
프랑스 꼬냑 지방에서 생산되는 와인을 증류한 브랜디 Wine Brandy.

Cork | 콜크
코르크 나무의 두꺼운 껍질을 실린더 모양으로 자른 조각으로 탄력이 뛰어나 와인이 산화되지 않고 숨을 쉬게 도와주기에 와인병마개로 사용된다.

Corky | 콜키
콜키 와인 Corky Wine 은 케케묵은 코르크 향으로 와인의 냄새를 나쁘게 한다. 이런 향이 날 경우의 와인은 버리고 다른 와인을 마시는 것이 좋다.

Cru | 크뤼
와인 재배에 쓰이에 쓰이는 프랑스 말. 크뤼 클라세(Cru Class 특등급)와 같은 높은 품질의 포도원을 말한다.

Decanting | 디켄팅
병에 있는 와인의 침전물 없애기 위해 조심스럽개 와인을 따라 다른 깨끗한 병(디켄터 Decanter)으로 와인을 옮겨 따르고 뒤에 남은 찌꺼기는 버리면 된다. 디켄팅은 주로 와인을 서빙하기 1~2시간 전에 한다.

Demi-sec | 데미 섹
샴페인 용어로 중간정도 달コ medium-sweet 라는 뜻이다.

Dionysus | 이오니소스
그리스의 와인의 신. 바쿠스를 참고하기 바람.

와인용어 정리

Earthy | 토양적인
와인을 평가할 때 사용되는 테이스팅 언어로 토양, 버섯류 혹은 곰팡내를 연상하는 냄새 혹은 맛이 나는 와인.

Fermentation | 발효
원래 말은 "열을 가하지 않은 상태에서 끓인다"라는 뜻이다. 이 방법은 포도주스나 다른 설탕이 들어있는 용액에 이스트를 첨가하면 이 설탕이 에틸 알코올과 CO_2로 변하게 된다. CO_2는 거품형태로 일어나기에 외형으로는 열 없이 끓는 것처럼 보인다.

Fining | 정제
와인의 불필요한 구성요소를 없애기 위해 정화하는 것을 말한다.

Finish | 피니쉬-마무리
와인을 테이스팅할 때 입안에 남는 와인에 대한 마지막 느낌을 뜻한다.

Flat | 플랫
와인 테이스팅 용어로 산미와 또렷한 ^{Crispness} 생동감이 결여된 와인을 플랫 와인이라 한다. 플랫 와인들은 향이 좋다 하더라도 마시기가 어렵다. 발포성 스파클링와인에서 플랫이라는 뜻은 와인에 탄산가스가 결여되었다는 뜻이다.

Fruity | 프루티
와인 테이스팅 용어로 발효과정에서 포도의 신선한 향을 유지한 와인을 뜻한다.

Fume Blanc | 퓨메 블랑
소비뇽 블랑과 비슷한 테이블 화이트와인 포도품종 이름으로 대체적으로 좋은 와인인 경우 드라이하다.

Hard | 하드-견고한
와인 테이스팅 용어로 지나치게 타닌이 많고, 쓰거나, 수렴성(떫은맛)이 강할 때 표현하는 용어이다.

Hectoliter | 헥토리터
유럽 포도주 양조장에서 와인을 측량하는 표준 단위이다. 1헥토리터는 100리터 ^{liters} 이다.

Hybrid | 하이브리드
포도 재배학에서 두 개의 다른 포도품종을 접목하여 새로운 품종이 되는 것.

와인용어 정리

Ice Wine / Eis Wein | 아이스바인 혹은 아이스와인
얼은 포도로 와인을 만드는 것으로 포도가 언 상태에서 압착을 하여 주스를 짜내어 발효를 한다. 아이스 와인은 항상 달콤한 디저트와인이 되며 주로 가벼우면서도 섬세하다.

Jeroboam | 제로보엠
평균 사이즈보다 큰 사이즈의 와인병을 이야기한다. 그러나 정확한 사이즈는 표준화되지 않았다. 생산자에 따라 750ml보다 4~6배 정도 큰 사이즈인데 프랑스 샹파뉴와 미국 캘리포니아의 경우에는 3리터, 보르도의 경우 3.75리터 그리고 영국에서는 4.5리터 정도를 이야기한다.

Jug Wines | 저그와인
1.5리터 사이즈 혹은 더 큰 와인용기에 담아서 적당한 가격으로 파는 와인들에 대한 속칭.

Kabinett | 카비넷
독일 와인 품질 등급에서 슈페트레제 ^{Spaetlese} 보다 한 단계 아래 등급의 와인이다. 카비넷은 비교적 저렴하지만 생산과정에서 절대로 설탕을 첨가하지 않는 품질을 가지고 있다.

Loire Valley | 루아르 벨리
프랑스의 루아르 ^{Loire} 강을 따라 위치한 큰 규모의 와인 지역이다. 주요 지역은 앙쥬 ^{Anjou}, 뮈스까데 ^{Muscadet} 그리고 뚜랭 ^{Touraine} 이다.

Maceration | 메서레이션
주스를 발효하기 이전에 특정 기간 동안 포도와 포도즙이 잘 섞이도록 하는 행위.

Madeira | 마데이라
아틀란타 내 포르투갈 섬에서 생산되는 쉐리 ^{sherry} 와 같은 디저트와인.

Magnum | 매그넘
표준 와인병 750ml 사이즈 병보다 두 배로 큰 와인병 사이즈.

Malbec | 말벡
보르도의 5개의 레드와인 주요 포도품종 안에 들어가는 포도품종이다.

Malo-lactic Fermentation | 젖산 발효, 말로렉틱 발효
박테리아 발효로 때로는 1차 이스트 발효 후 새로운 와인에서 발생한다. 말로렉틱은 자연적으로 능금산에서 젖산과 CO_2로 변하게 하는 2차 발효 과정이다.

와인용어 정리

Medoc | 메독
전 세계적으로 최고의 레드와인들을 생산하는 프랑스 보르도 내에 있는 레드와인 생산 지역이다.

Merlot | 멜로
보르도의 훌륭한 포도품종 중의 하나이다. 또한 캘리포니아, 칠레, 호주 등 많은 곳에서 좋은 레드와인을 만들고 있다. 종종 까베르네 소비뇽 포도품종과 블랜딩을 한다.

Methode Champenoise | 샴파노아즈 방식
발포성 와인을 만들 때 병속에서 발효하는 방식이다. 프랑스 샴페인 자방의 전통적인 방식.

Mildew | 노균병균
포도나무에서 발생하는 질병.

Muscatel | 뮈스까텔
뮈스깟 Muscat 포도품종으로 일반적으로 달콤하고 알코올 도수가 높다.

Napa | 나파
샌프란시스코 북부 지역의 마을로 캘리포니아의 최상급 와인들이 생산된다. 현재 약 200여개의 포도원 양조장이 있다.

Noble Rot | 노블롯
주로 보트리티스 시네리아 Botrytis cinerea 라고 하는 와인을 만드는 유익한 곰팡균에 의해 만들어지는데 극소량의 훌륭한 디저트를 생산한다.

Nouveau | 누보
보졸레 와인으로 영 young 하고 신선하며 과일맛이 뛰어나며 오래 숙성시키지 않고 즉시 마셔 버리는 와인을 말한다.

Oak | 오크
주로 와인 베럴를 만들 때 사용하는 나무의 종류. 오크 베럴에서 숙성된 와인인 경우 좋은 타닌과 바닐라 향을 느낄 수 있다.

Phylloxera | 필록세라
포도 나무 뿌리에 살고 있는 미세한 진딧물로 뿌리의 주스를 빨아먹고 산다. 포도나무에 나쁜 영향을 미친다. 유럽의 포도나무를 죽이는 나쁜 영향을 미치는데 미국의 포도나무 뿌리는 저항력을 가지고 있다.

와인용어 정리

Pinot | 피노
포도품종의 한 계열로 가장 유명한 것은 피노누아이다. 청포도 품종으로 피노블랑이 있다.

Polyphenols | 폴리페놀
와인에서 생기는 화학적인 성분으로 떫은맛과, 쓴맛, 입안이 마르는듯한 느낌을 준다. 폴리페놀은 포도의 탄닌과 포도 껍질의 색소에서 주로 발견되는 성분이다.

Port | 포트
포르투갈의 오포르토 Oporto 지역에서 나오는 풍부하고 달콤하며 풀 바디 full bodied 디저트와인이다.

Powdery Mildew | 흰가루병
포도나무에 생기는 곰팡균의 일종으로 건조한 기후에서 주로 발견되는 이 질병은 전 세계적으로 있는데 캘리포니아에서 가장 많이 발견되는 골치 아픈 질병이다.

Rhine | 라인
독일의 가장 유명한 와인이 있는 강 이름이다. 모든 독일의 유명 와인들은 이 라인 강을 따라 있는 포도원에서 생산된다.

Rhone | 론
프랑스 남부 주요 강으로 스위스와 지중해 쪽으로 흐르는 강이다. 이 강을 따라 있는 포도원에서 생산되는 와인들에 이 지역 이름을 쓴다.

Riesling | 리즐링
독일에서 주로 생산되는 포도품종 이름.

Rioja | 리오하
스페인의 가장 잘 알려진 테이블 와인 생산지역.

Rose | 로제
프랑스말로 핑크색 와인이라는 뜻으로 전 세계적으로 사용되는 용어이다.

Sauternes | 소떼른
프랑스 서부 지역에서 생산되는 고급 디저트와인이다. 샤또 디껨 Chateau Y'Quem 이 가장 유명하다.

Sauvignon Blanc | 소비뇽 블랑
청포도 품종으로 샤도네 다음으로 전 세계적으로 많이 사용되는 테이블 와인용 포도품종이다. 주로 세미용과 블랜딩되는 경우가 많다.

와인용어 정리

Secondary Fermentation | 2차 발효
2차 발효는 첫 번째 이스트 발효가 끝난 후에 이루어진다. 이는 말로렉틱 Malo-lactic 2차 발효로 주로 레드와인에서 이루어지고 극소수의 화이트 스틸 와인에서 이루어진다. 또 다른 2차 발효가 있다면 이스트 발효로 스틸 와인에서 발포성 와인으로 변환시키는 발효 방식이 있다.

Sekt | 젝트
독일말로 발포성 sparkling 와인이라는 뜻이다.

Semillon | 세미용
그라브 Graves 혹은 소떼르네 Sauternes 와 같은 보르도 Bordeaux 지역에서 주로 생산되는 고급 화이트 와인 포도품종 중의 하나이다.

Seyval Blanc | 쎄발블랑
프랑스의 French American Hybrid 포도품종으로 대부분이 프랑스와 미국 동부지역에서 재배된다.

Soave | 소아브
이탈리아 화이트와인의 좋은 유형 중의 하나이다. 항상 여러 포도품종과 블랜딩하게 되고 주로 북부 이탈리아에서 생산된다. 소아브는 특히 병입 후 1-2년 이내에 마시는 것이 좋다.

Sommelier | 소믈리에
와인이 있는 고급 레스토랑에서 와인을 전문으로 하는 웨이터를 말한다.

Sonoma | 소노마
나파 벨리와 버금가는 캘리포니아의 최고의 와인을 생산하는 지역으로 샌프란시스코의 북부 해안에 위치한다.

Sour | 신맛
신맛을 느끼는 테이스팅 용어로 타닌이 약간 있는 쓴맛과 혼돈될 수 있다.

Spicy | 스파이시
와인의 맛을 표현할 때 쓰이는 테이스팅 용어로 게뷰르쯔트레미너 Gewurztraminer 포도품종으로 만든 와인일 경우 스파이시하다는 표현을 주로 쓴다.

Spumante | 스푸만떼
이탈리아어로 발포성와인을 뜻한다.

Still wine | 스틸 와인
발포성 Sparking 이 아닌 와인을 말한다. 즉, 와인에 탄산가스가 없다.

Spatlese | 슈페트레제
독일어로 "늦은 수확"이라는 뜻이다. 이 와인들은 주로 달콤하고 품질이 좋으며 일반등급 보다 좀 더 비싼 와인들이다.

와인용어 정리

Table Wine | 테이블 와인
규정에 의하면 14% 미만의 알코올 도수를 함유한 모든 와인들을 이 범주에 넣고 있다. 와인은 식사할 때 함께 즐길 수 있는 음식이라는 의미이다.

Tannin | 타닌
자연적인 폴리페놀 물질로 쓴맛 혹은 수렴성이 있어서 입안에서 떫은 맛을 느끼게 한다. 타닌은 포도의 껍질과 줄기 그리고 씨앗에서 생기게 되고 베럴에서 숙성할 때 나무와의 접촉에서도 이 물질이 생긴다.

Tastevin | 따스트뱅
주로 은으로 만들어진 컵으로 와인 테이스팅을 하기 위해 쓰인다. 프랑스의 버건디 지역에서 사용하기 시작했으며 지금도 널리 사용되어지고 있는데 레스토랑에서 소믈리에가 이것을 많이 사용한다.

Trockenbeerenauslese | 트로켄 베렌아우스레제
독일에서 생산되는 비싼 디저트와인이고 가장 당도가 높은 범주에 속하는 감미로운 음료이다. 독일어로 "건포도의 선택"이라는 뜻을 가진 이 와인은 거의 건포도가 될 정도로 농축된 포도를 하나씩 골라서 만든 와인이다.

Vin | 뱅
프랑스어로 와인이라는 뜻이다. 전 세계적으로 널리 사용되는 용어이다.

Vina | 비나
스페인어로 포도원이라는 뜻이다. 캘리포니아에서도 포도원의 이름으로 널리 사용하기도 한다.

Vinifera | 비니페라
와인 제조 때 주로 사용되는 용어로 비티스(^{Vitis}-포도나무)라는 최초 포도종의 학명이다. 현재 전 세계에 분포되어 있는 대부분의 좋은 포도종은 비티스 비니페라 $^{Vitis\ vinifera}$에 속한다.

Vinification | 포도주 양조
와인 제조에서 일어나는 모든 과정을 이야기한다.

Vintage | 빈티지
포도가 성장하는 계절 혹은 그 "해"를 의미한다. 빈티지 와인은 적어도 95% 이상이 같은 해에 수확된 포도로 생산되었을 경우이다.

와인용어 정리

Viognier | 비오니에
프랑스 론 벨리 Rhone Valley 지역에서 생산되는 화이트와인 포도 품종이다. 표현하기가 힘들 정도로 독특한 성격을 가지고 있다.

Viticulture | 포도재배학
포도재배의 과학, 예술, 연구이다.

Weingut | 바인굿
독일어로 독일에서 와인이 생산되는 포도원을 말한다.

Wine | 와인
포도주스의 이스트 발효에 의해 생산된 알코올이 있는 음료.

Winemaker | 와인 메이커
포도주 양조장에서 와인제조를 책임지고 있는 사람으로 와인 메이커는 주로 포도주의 발효, 숙성 그리고 병입 작업까지 책임진다.

Winery | 와이너리-포도주양조장
와인이 만들어지는 장소.

Wood tannin | 우드 탄닌
나무에서 생산된 탄닌으로 오크통에서 숙성된 경우이다.

Woody | 우디
와인을 테이스팅할 때 주로 쓰는 용어로 오랜 기간 동안 나무통 속에 보관된 경우 일반적으로 나무 향과 맛이 강해진다.

Zinfandel | 진판델
캘리포니아에서 널리 생산되고 있는 포도품종이다.

와인 Tasting 표현 용어정리

Aggressive 주로 영 와인이나 올드 빈티지라도 숙성이 약한 와인을 표현할 때.
Aromatic 향이 풍부하다는 표현. 주로 사용 품종의 특유향이 강할 때 쓰임.
Astringent 입이 오므라들게 만드는 타닌 맛.
Austere 와인이 너무 영해서 너무 거칠 때 쓰임.

Baked 와인이나 포도가 햇빛을 잘 받아서 신선한 상태임을 나타냄.
Beefy 풀바디, 향이 강하고 억셈.

Coarse 거칠고 서투른 와인을 나타냄, 주로 값싼 와인을 표현.
Creamy 고급와인, 주로 샴페인에 쓰이는 표현.
Crisp 신선함, 주로 화이트와인에서 느낄 수 있음.

Dense 컬러나 향이 강한 와인에서 느낄 수 있음, 긍정적 표현.
Dried Out 과일맛의 여운이 많이 사라진 상태.

Earthy 토양상태가 좋았음을 뜻하며, 주로 그라브 지방의 자갈 성분에서 나온 맛.
Elegent 자주 쓰이는 표현으로 맛이 우아함을 나타냄.

Fat 풀바디 주로 스위트와인.
Finesse 고급와인을 표현할 때 덧붙이는 말.
Firm 산이나 타닌이 알맞음을 뜻함.
Flabby 산이 부족할 때.
Fleshy 일반적인 향을 가지고 있는 원만한 와인.
Forward 잘 숙성된 와인.
Fragrant 매력적임, 주로 꽃향기가 나는 와인을 말함.

Green 영한와인, 좀 더 숙성시켜야 할 와인.
Grip 영하지만 타닌 맛을 단단히 느낄 수 있는 와인.

Hard 산이나 타닌이 너무 많이 느껴지는 향.
Heavy 풀바디, 강한 알코올, 균형 잡히지 않은 와인(포트와인은 예외)
Herbaceous Or Herby 허브나 나뭇잎 향이 묻어나는 와인.

와인 Tasting 표현 용어정리

Hollow 처음과 끝맛이 다른 와인.
Hot 균형 잡히지 않은 와인, 더운 지방에서 생산된 와인에서 특징적으로 나타남.

Jammy 잼맛, 과일이 신선하지 못함.

Lean 향이 부족함.
Long 여운이 길게 남음.

Meaty 향이 풍부하고 풀바디한 와인, 글자 그대로 고기맛이 느껴짐.
Mouth-filling 입안에 가득 넘치는 풍부함.

Neutral 향이 짧은 와인, 값싼 드라이와인에서 흔히 느낄 수 있음.

Oilly 느끼한 와인, 게브르츠트라미너, 비오니아 혹은 쏘테른 와인에서 느낌.

Penetrating 향이 강한 와인.
Perfumed 향수나 꽃향기가 가득함.

Rich 깊고 풍부한 향.
Robust 풀바디, 주로 레드와인.
Rough 거친 와인 주로 베이직 와인에서 나타남.
Round 거칠지 않고 바로 마시기 좋은 와인.

Scented 꽃향기, 향수의 느낌.
Sharp 화이트와인에 쓰는 표현, 지금은 좀 날카롭지만 숙성되면 부드러울 수 있는 잠재력을 뜻함.
Short 품질에 대한 부정적인 표현으로 뒷맛이 좋지 않음.
Silky 부드러운 실크의 느낌으로 고급와인에서 느낄 수 있음.
Simple 부담 없이 음용하기에 적당한 와인.
Smooth 타닌이나 신맛이 강하지 않은 와인.
Soft 부드럽다기보다는 잘 익은 과일향이 강할 때, Smooth보다는 Soft라 표현.
Solid 풍성하고 꽉 찬 느낌, 풀바디.
Spritz 혀를 톡 쏘는 탄산의 맛, 가벼운 바디의 화이트와인에서 느낄 수 있음.

와인 Tasting 표현 용어정리

Stalky 포도 줄기의 쓴맛이 느껴질 때 쓰는 표현.
Steely 표현하기 어려울 때, 주로 산도가 높고 강건한 캐릭터일 때.
Stewed 지나치게 익어버린 포도나 높은 온도에서 발효된 와인에서 느낄 수 있음.
Stringy 가볍고 얇은 맛의 와인.
Structure 산, 타닌, 과일향, 알코올 등의 모든 요소가 매우 잘 조화되어 있음.
Supple 원만하고 부드러운 맛.

Tangy 쉐리나 마데이라 같은 식후 와인에서 느낄 수 있는 여운.
Thin 물처럼 청양하고 가벼운 와인
Tough 타닌 맛이 너무 많이 남.

Vegetal 풀 냄새, 잘 숙성된 버건디 와인에서 주로 느낄 수 있음.
Velvety 실키와 비슷한 느낌이지만 그보다 느낌이 더 풍부할 때 쓰임.

Watery 약하고 가벼운 느낌.
Woody 오래된 느낌, 오래되고 지저분한 오크통에서 숙성시키면 우디한 맛이 남.

Zesty 신선하고 생생한 느낌, 주로 영한 화이트와인의 느낌.

참고문헌

- All about the Wine (2009), 박해원 외 3인, Walkerhill
- Windows on the World Complete Wine Course (2009), Kevin Zraly, Sterling
- Wine & Food a New Look at the Flavor (2007), Joshua wesson, Williams-Sonoma
- Essential Winetasting the Complete Practical Winetasting Course (2000), Michael Schuster, Mitchell Beazley
- Grapes & Wines (2001), Websters, Little, Brown and Company, Oz Clark
- The World Atlas of Wine (2001), Hugh Johnson Mitchell Beazley
- WSET Level 2 Intermediate Certificate in Wines and Spirits (2009), Wine & Spirit Education Trust
- World Atlas of Wine (2007) by Hugh Johnson and Jancis Robinson, MITCH
- Wine For Dummies (Paperback), Ed McCarthy, For Dummies; 4 edition
- Food and Wine Pairing: A Sensory Experience (2007) Robert J. Harrington, Wiley
- Williams-Sonoma Wine & Food: A New Look at Flavor (2008) Joshua Wesson, Free Press
- Wine Bar Food: Mediterranean Flavors to Crave with Wines to Match (2008) Cathy Mantuano and Tony Mantuano, Clarkson Potter
- "Pierre Gagnaire a Seoul" (2009) Lotte Hotel
- 천재반을 위한 Wine (2001), Ed McCarthy, Mary Ewing-Mullingan, 비앤비
- 와인 테이스팅의 이해(2007), 마이클 슈스터 지음, 손진호 · 이효정 공역
- 와인과 스피리츠 세계의 탐구(2004), 잰시스 로빈슨, WSET 코리아
- The Greatest Wine (2008) 로버트 파커, 오상용 역, (주) BaromWorks
- 와인바이블(2008), 케빈즈 랠리 저, 정미나 역, 한스 미디어
- 오즈클라크의 와인이야기(2001), 오즈클라크 저, 정수경 역, (주)푸른길
- 와인의 세계(2007), 이원복, 김영사
- 보르도 와인(2002), 한관규, 그랑뱅 코리아
- 현대인과 와인(2006) 김한식, 도서출판 나래
- 와인과의 만남(2005), 최훈, 자원평가연구원
- 이제는 와인이 좋다(2005), 이주호, 바다출판사
- 와인의 이해(2007), 장병주 · 박은아 · 공기열 · 김민주, 도서출판 대명
- 소믈리에 실무(2005), 박인규 저, 대왕사
- 와인과 건강(2001), 채수규 외, 유림문화사

참고사이트

와인관리사 실무교재가 완성되기까지 도움 주신 엔비노(nVino), Sheratonwalkerhill Hotel, Lotte Hotel 여러분께 진심으로 감사의 말씀을 전합니다.

http://www.nvino.com/ - nVino
Copyright ⓒ nVino All Rights Reserved.

http://www.civusa.com/label.html
CIV (USA) 10419 Old Placerville Road, Suite 252 Sacramento, CA 95827 USA
Phone 916/368-7188 Fax 916/368-8932 E-mail: CIV USA

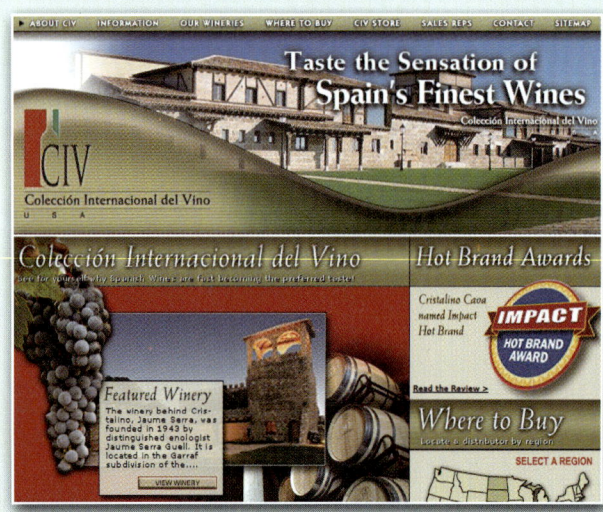

http://www.wine-searcher.com/wine-label-australia.htm
© 1999-2010, Wine-Searcher.com™. All rights reserved

http://www.bestspanishwines.com/labels.php
2001-2008 www.bestspanishwines.com "The spanish wine searcher"

참고사이트

http://www.winecountrygetaways.com/spain/spanish-wine-label.html
HomeAbout UsContact UsResourcesSite MapCopyright
© 2003-2009 WineCountryGetaways.com. All rights reserved

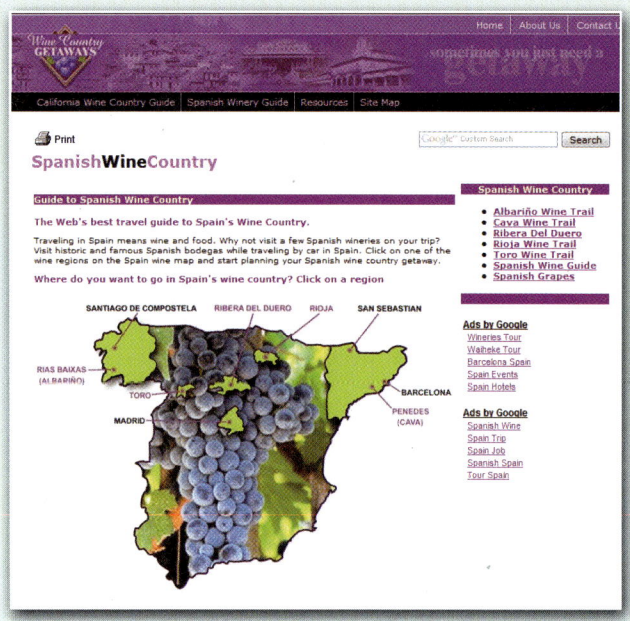

http://wine.about.com/od/winebasic1/ht/winetasting.htm

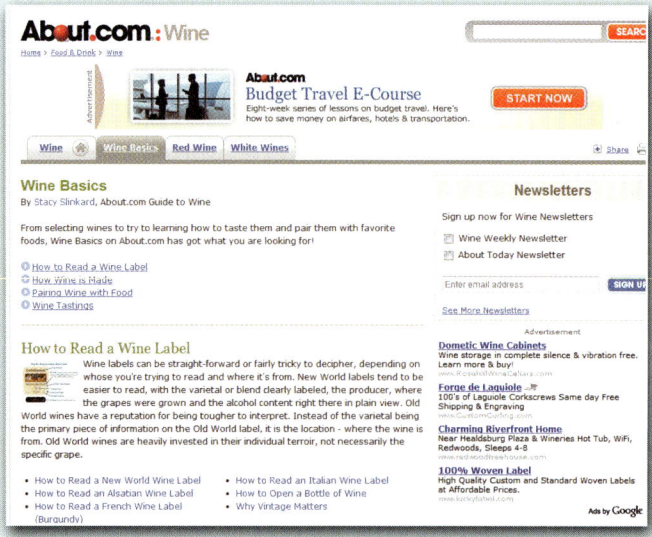

참고사이트 171

http://www.germanfoodguide.com/wine_label.htm

http://www.epari.com/en_wine1.asp
Copyright 2001 ePari.com.

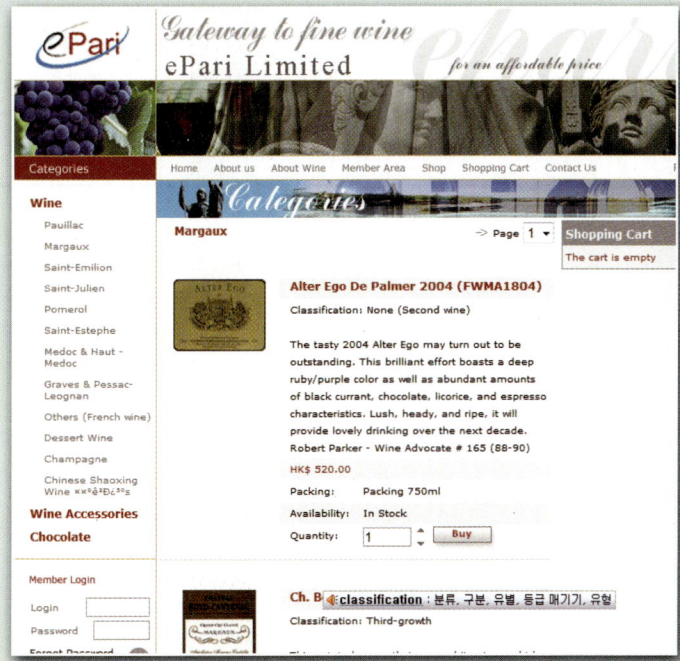